D1731621

Wolfgang Grunsky

Das Arbeitsverhältnis im
Konkurs- und Vergleichsverfahren

Das Arbeitsverhältnis im Konkurs- und Vergleichsverfahren

von
Prof. Dr. Wolfgang Grunsky, Richter am OLG, Bielefeld

RWS - Skript 86

3. neubearbeitete Auflage

 Verlag Kommunikationsforum GmbH
Recht Wirtschaft Steuern · Köln

Die Deutsche Bibliothek - CIP-Einheitsaufnahme

Grunsky, Wolfgang:
Das Arbeitsverhältnis im Konkurs- und Vergleichsverfahren
/ von Wolfgang Grunsky. - 3. neubearb. Aufl. - Köln:
Verl. Kommunikationsforum Recht, Wirtschaft, Steuern, 1994
  (RWS-Skript ; 86)
  ISBN 3-8145-1086-0
NE: GT

(C) 1994 Verlag Kommunikationsforum GmbH
Recht Wirtschaft Steuern, Postfach 27 01 25, 50508 Köln

Druck und Verarbeitung: Hundt Druck GmbH, Köln

Inhaltsverzeichnis

Einleitung

Durch die in letzter Zeit beängstigend angestiegene Zahl von Insolvenzverfahren hat die Problematik des Arbeitsverhältnisses im Konkurs wieder an Aktualität gewonnen. Die Insolvenzrechtsreform, die
gerade auch für die Arbeitsverhältnisse des gemeinschuldnerischen
Unternehmens grundlegende Neuerungen vorsieht,

> s. § 127 Entwurf InsO zur Kündigung
> des Arbeitsverhältnisses, §§ 138 ff
> zu Betriebsvereinbarungen und Be-
> triebsänderung,

läßt weiter auf sich warten, weshalb davon auszugehen ist, daß zumindest für die nähere Zukunft weiterhin die bisherige Rechtslage mit allen ihren Schwierigkeiten und Ungereimtheiten maßgeblich bleibt.

Im folgenden soll eine zusammenfassende Darstellung der einschlägigen Probleme gegeben werden. Dabei wird sich zeigen, daß zahlreiche
Fragen nach wie vor nicht überzeugend beantwortet sind. Daran kann
auch dieses Skript nichts ändern. Es versteht sich nicht als ein die Probleme erschöpfendes Handbuch der Problematik des Arbeitsverhältnisses im Konkurs des Arbeitgebers.

> Umfangreiche Darstellungen s. bei
> Hess/Knörig, Das Arbeitsrecht bei
> Sanierung und Konkurs, 1991
> (weitgehend eingearbeitet und
> aktualisiert bei
> Hess/Kropshofer, Kommentar zur
> Konkursordnung, 4. Aufl., 1993,
> vor allem zu § 22 sowie in den
> Anhängen I - Konkursausfallgeld -,
> IV - betriebliche Altersversorgung-
> und VI - Sozialplan im Konkurs- und
> Vergleichsverfahren);
> Heinze, in: Gottwald, Insolvenzrechts-
> Handbuch, 1990, §§ 95 - 101 (mit Nach-
> trag "GesO", 1993, S. 175 ff);

Kuhn/Uhlenbruck, Konkursordnung,
10. Aufl., 1986, Vorbem. Rz. 66 ff.
Eine eingehende Darstellung der Rechtsprechung zum Arbeitsrecht im Konkurs
findet sich bei Schaub, ZIP 1993, 969.

Miteinbezogen werden die Besonderheiten der Gesamtvollstreckungs-
ordnung. Mehr am Rande berührt werden dagegen das Konkursausfallgeld, der Insolvenzschutz bei der betrieblichen Altersversorgung
sowie der Sozialplan bei Insolvenz des Arbeitgebers. Dabei handelt es
sich um Problembereiche, die jeweils eine eigene umfassende Darstellung erfordern und im Rahmen dieses RWS-Skripts nicht gewissermaßen "nebenbei" miterledigt werden können. Insoweit muß auf folgende Skripte verwiesen werden:

Irschlinger/Dambach, Die Abrechnung von
Kaug und Alg in der Insolvenzpraxis,
RWS-Skript 174, 2. Aufl., 1994;

Balz, Das neue Gesetz über den Sozialplan
im Konkurs- und Vergleichsverfahren,
RWS-Skript 149, 1985;

Willemsen/Tiesler, Der Sozialplan in der
Unternehmenskrise, RWS-Skript 269, 1994.

A.   Das Arbeitsverhältnis im Konkurs des Arbeitgebers

I.   Fortbestehen des Arbeitsverhältnisses

Eine erste wichtige Weichenstellung besteht darin, daß die Eröffnung des Konkursverfahrens als solche den Fortbestand des Arbeitsverhältnisses in keiner Weise berührt,

> BAGE 57, 152, 154 = ZIP 1988, 389;
> Heinze, in: Gottwald, Insolvenzrechts-
> Handbuch, § 95 Rz. 14;
> Hess/Kropshofer, KO, § 22 Rz. 285;
> Kilger/Karsten Schmidt, KO, 16. Aufl.,
> 1993, § 22 Anm. 1.

Das ist gesetzlich zwar nicht ausdrücklich vorgesehen, liegt § 22 KO, demzufolge das Arbeitsverhältnis gekündigt werden kann, aber unmißverständlich zugrunde. Das Arbeitsverhältnis besteht dabei ebenso fort wie vor Eröffnung des Konkursverfahrens. Zu beachten ist lediglich, daß "Gegenspieler" des Arbeitnehmers jetzt nicht mehr der bisherige Arbeitgeber, sondern der Konkursverwalter ist. Ebenso wie dieser von jetzt an die Verantwortung als Unternehmer hat,

> s. dazu F. Baur, in: Gedächtnisschrift
> Bruns, 1980, S. 241,

treffen ihn die Verpflichtungen aus dem Arbeitsverhältnis. Dabei ist es ohne praktische Bedeutung, wie man die Rechtsstellung des Konkursverwalters dogmatisch einordnet. Amts-, Vertreter- und Organtheorie kommen insoweit zu übereinstimmenden Ergebnissen. Insbesondere ist es unerheblich, ob man den Konkursverwalter selbst als Arbeitgeber ansieht oder die Arbeitgeberstellung beim Gemeinschuldner beläßt und dem Konkursverwalter nur die Ausübung der damit verbundenen Rechte und Pflichten zugesteht.

> Heinze, in: Gottwald, Insolvenzrechts-
> Handbuch, § 95 Rz. 18.

Erst recht hat die Einsetzung eines Sequesters vor Konkurseröffnung nach § 106 Abs. 1 Satz 2 KO auf den Bestand des Arbeitsverhältnisses keinen Einfluß.

Heinze, in: Gottwald, Insolvenzrechts-
Handbuch, § 95 Rz. 13.

Aus dem Gesagten ergeben sich einige Folgerungen.

1. Individualrechtliche Ansprüche

Einzelvertragliche Ansprüche aus dem Arbeitsverhältnis bleiben unverändert bestehen. Insbesondere behält der Arbeitnehmer alle vertraglichen Rechte, und zwar nicht nur den eigentlichen Lohnanspruch, sondern ebenso alle sonstigen Ansprüche (Gratifikationen, Prämien, Gewinn- und Umsatzbeteiligungen, Provisionen, Ansprüche auf Naturalleistungen wie etwa auf Stellung eines Firmenwagens oder einer Firmenwohnung).

Schaub, ZIP 1993, 973
sowie ausführlich
Heinze, in: Gottwald, Insolvenzrechts-
Handbuch, § 98 Rz. 30 ff.

Der Arbeitgeber hat auch nicht etwa die Möglichkeit, seine Pflichten wegen der Krise einseitig zu kürzen.

Eine Ausnahme macht die h. M. beim Ruhegehaltsanspruch; dieser soll bei wirtschaftlichen Schwierigkeiten unter gewissen Voraussetzungen widerrufbar sein; s. Schaub, Arbeitsrechtshandbuch, 7. Aufl., 1992, § 81 X 6 m. w. N. Ob dem zugestimmt werden kann, muß hier offen bleiben. Die Problematik ist durch § 7 BetrAVG weitgehend entschärft worden.

Weiter bleibt der Anspruch auf Gewährung bezahlten Urlaubs bestehen,

Stahlhacke/Bachmann/Bleistein/Berscheid,
GK-BUrlG, 5. Aufl., 1992, § 1 Rz. 155,

(einschließlich eines eventuell geschuldeten Urlaubsgeldes), und zwar unabhängig davon, ob es sich um den gesetzlichen Mindesturlaub nach § 3 Abs. 1 BurlG oder um einen tarif- bzw. einzelvertraglich darüber hinausgehenden Urlaubsanspruch handelt.

Umgekehrt bleibt der Arbeitnehmer selbstverständlich zur Arbeitsleistung verpflichtet; weiter treffen ihn unverändert alle Nebenpflichten aus dem Arbeitsverhältnis (vor allem die Treuepflicht). Das Direktionsrecht wird während der Dauer des Konkursverfahrens vom Konkursverwalter ausgeübt,

Heinze, in: Gottwald, Insolvenzrechts-Handbuch, § 95 Rz. 20,

der jedoch (ebenso wie jeder andere Arbeitgeber) die Ausübung des Rechts auf einen Dritten als seinen Stellvertreter übertragen kann (auch auf den Gemeinschuldner).

Schließlich laufen alle Anwartschaften weiter, die sich erst ab einer gewissen Dauer des Arbeitsverhältnisses zu einer rechtlich durchsetzbaren Position verdichten. So kann etwa bei einem erst seit kurzem beschäftigten Arbeitnehmer die Halbjahresfrist ablaufen, von der an das Kündigungsschutzgesetz eingreift (§ 1 Abs. 1 KSchG),

Hueck/v. Hoyningen-Huene, KSchG, 11. Aufl., 1992, § 1 Rz. 76,

und zwar unabhängig davon, ob der Arbeitnehmer nach Konkurseröffnung noch effektiv beschäftigt worden ist und bei Zusage eines betrieblichen Ruhegeldes laufen die für die Unverfallbarkeit der Anwartschaft geforderten Fristen (§ 1 Abs. 1 BetrAVG) ebenfalls weiter.

BAGE 57, 152 = ZIP 1988, 389 = AP § 1 BetrAVG Nr. 18.

Auch das Direktionsrecht des Arbeitgebers wird durch das Konkursverfahren nicht erweitert. Selbst wenn man mit der herrschenden Meinung,

s. Schaub, Arbeitsrechtshandbuch,
§ 45 IV 2 m. w. N.,

annehmen wollte, daß der Arbeitnehmer in Notfällen verpflichtet ist, andere als die vereinbarte Arbeitsleistung zu erbringen, wäre dies in unserem Zusammenhang deshalb irrelevant, weil auslösender Faktor nicht die Konkurseröffnung, sondern bereits die davorliegende Krise des Unternehmens wäre. Auch ohne ein Konkursverfahren müßte der Arbeitnehmer in Notfällen die an sich nicht geschuldete Arbeitsleistung erbringen (zur Änderungskündigung s. unten II 1 d).

Zutreffend Hess/Kropshofer, KO,
§ 22 Rz. 302;
für ein weitergehendes Direktionsrecht
im Konkurs dagegen (wenn auch nur in
vorsichtigen Formulierungen)
Heinze, in: Gottwald, Insolvenzrechts-
Handbuch, § 95 Rz. 20 f.

2.   Tarifbindung

Entsprechendes wie bei den individualrechtlich vereinbarten Ansprüchen gilt für die Tarifbindung des Arbeitgebers: Das Konkursverfahren ist insoweit ohne Bedeutung. An einen vor Konkurseröffnung bestehenden Tarifvertrag bleibt der Arbeitgeber gebunden. Vor allem kann der Konkursverwalter die Einhaltung des Tarifvertrages nicht nach § 17 KO ablehnen; dabei ist es unerheblich, ob er an den Tarifvertrag kraft Mitgliedschaft im vertragschließenden Arbeitgeberverband gebunden ist oder ob es sich um einen Firmentarifvertrag handelt,

Jaeger/Henckel, KO, 9. Aufl., 1980,
§ 17 Rz. 30;
Hess/Kropshofer, KO, § 22 Rz. 303 ff.

Beruht die Tarifbindung auf einer Allgemeinverbindlichkeitserklärung, so besteht sie ebenfalls über die Konkurseröffnung hinaus.

BAGE 58, 38 = ZIP 1987, 727
= AP § 4 TVG Geltungsbereich Nr. 14.

Die Tarifbindung erstreckt sich auch nicht etwa nur auf bei Konkurseröffnung bereits bestehende Tarifverträge. Ein danach abgeschlosse-
ner Tarifvertrag bindet den Gemeinschuldner ebenso, falls er tarifge-
bunden ist.

Hess/Kropshofer, KO, § 22 Rz. 307.

Weiter gibt die Eröffnung des Konkursverfahrens dem Arbeitgeber
kein Kündigungsrecht des Tarifvertrags, und zwar auch dann nicht,
wenn es sich um einen Firmentarifvertrag handelt.

Unerheblich für die Tarifbindung ist es, ob die Arbeitnehmer ebenso
wie bisher oder nur noch mit Abwicklungsarbeiten in dem inzwischen
stillgelegten Betrieb beschäftigt werden.

BAGE 58, 38 = ZIP 1987, 727
= AP § 4 TVG Geltungsbereich Nr. 14.

Schließlich erstreckt sich die Tarifbindung nicht nur auf die Arbeitsverhältnisse der bei dem Gemeinschuldner beschäftigten Arbeitnehmer, sondern erfaßt auch Beitragspflichten des Gemeinschuldners gegenüber gemeinsamen Einrichtungen der Tarifvertragsparteien.

BAGE 58, 38 = ZIP 1987, 727
= AP § 4 TVG Geltungsbereich Nr. 14.

3.   Betriebsvereinbarungen

Soweit das Arbeitsverhältnis durch Betriebsvereinbarungen ausgeprägt
ist, werden die Rechte des Arbeitnehmers durch das Konkursverfahren
ebenfalls nicht berührt. Die Betriebsvereinbarung besteht fort und gewährt den Arbeitnehmern des Gemeinschuldners unmittelbare Ansprüche.

Jaeger/Henckel, KO, § 22 Rz. 20;
Hess/Kropshofer, KO, § 22 Rz. 308.

Der Konkursverwalter kann die Betriebsvereinbarung lediglich nach
den allgemeinen Grundsätzen kündigen, d. h. eine Kündigung ist mit
einer Frist von drei Monaten möglich (§ 77 Abs. 5 BetrVG). Dagegen

gibt das Konkursverfahren dem Arbeitgeber bzw. dem Konkursverwalter kein außerordentliches Kündigungsrecht. Zwar wird ein solches Kündigungsrecht aus wichtigem Grund bei Unzumutbarkeit des Festhaltens an der Betriebsvereinbarung heute allgemein anerkannt,

> BAG AP § 50 BetrVG 1972 Nr. 11
> sowie zuletzt
> Däubler/Kittner/Klebe/Schneider, BetrVG,
> 4. Aufl., 1994, § 77 Rz. 54 m. w. N.,

doch kann das Konkursverfahren nicht als wichtiger Grund angenommen werden. Ebenso wie das Arbeitsverhältnis im übrigen ohne die Möglichkeit einer fristlosen Kündigung fortbesteht (s. dazu unten II 2), muß dies auch für solche Ansprüche gelten, die auf einer Betriebsvereinbarung beruhen.

> Hess/Kropshofer, KO, § 22 Rz. 310.

Nur ein Einzelaspekt der Bindung des Arbeitgebers an eine vor Konkurseröffnung abgeschlossene Betriebsvereinbarung ist die Bindung an einen bereits bestehenden Sozialplan. Dieser kommt ebenfalls als Betriebsvereinbarung zustande (§ 112 Abs. 2 Satz 3 BetrVG), womit er trotz des Konkursverfahrens weiterhin verbindlich ist,

> es sei denn, es liegen die Voraussetzungen einer Konkursanfechtung vor,
> was aber nur selten der Fall ist,
> s. dazu Willemsen, Arbeitnehmerschutz
> bei Betriebsänderungen im Konkurs,
> 1980, S. 353 ff;
> ders., ZIP 1982, 649;
> LAG Hamm ZIP 1982, 615;
> LAG Hamm ZIP 1982, 1355;
> LAG München BB 1987, 194.

Auch § 3 SozplG geht grundsätzlich davon aus, daß vorkonkursliche Sozialpläne verbindlich sind. Dies ergibt sich aus § 3 Satz 1 SozplG, wonach ein vorkonkurslicher Sozialplan, der nicht früher als drei Monate vor Stellung des Konkursantrags aufgestellt worden ist, den Konkursgläubigern gegenüber nur insoweit unwirksam ist, als die Summe der Forderungen aus dem Sozialplan größer ist als der Gesamtbetrag von 2 1/2 Monatsverdiensten der von einer Entlassung betroffenen Arbeitnehmer. Im übrigen bleibt der Sozialplan verbindlich und kann allenfalls mit allgemeinen (d. h. nicht spezifisch konkursrechtlichen) Rechtsbehelfen aus der Welt geschaffen werden.

Auch wenn man anerkennt, daß es Möglichkeiten geben muß, einen Sozialplan einer unvorhergesehenen Entwicklung anzupassen (in Betracht kommt ein außerordentliches Kündigungsrecht oder eine Heranziehung des Instituts des Wegfalls der Geschäftsgrundlage),

> die Rechtslage ist hier noch wenig erforscht;
> s. dazu Willemsen, Arbeitnehmerschutz bei
> Betriebsänderungen im Konkurs, S. 362 ff,

muß doch erneut betont werden, daß das Konkursverfahren als solches nicht ausreicht, um die daraus resultierenden Lasten abschütteln oder auch nur reduzieren zu können. Ebenso wie bei anderen arbeitsvertraglichen Verpflichtungen gilt auch hier, daß das Konkursverfahren die den Arbeitgeber treffenden Pflichten grundsätzlich unberührt läßt. Dabei ist es auch unerheblich, ob der Sozialplan im Hinblick auf eben die Krise errichtet worden ist, die letztlich zum Konkurs geführt hat.

> Für eine weitergehende Lösungsmöglichkeit
> Willemsen, Arbeitnehmerschutz bei Betriebs-
> änderungen im Konkurs, S. 363 f
> (zustimmend Hess/Kropshofer, KO, § 22
> Rz. 315 f), der jedoch nicht genügend be-
> rücksichtigt, daß Sozialplanansprüche nicht
> anders als sonstige Ansprüche aus dem Ar-
> beitsverhältnis behandelt werden können.

4. Arbeitskampf

Die Eröffnung des Konkursverfahrens berührt auch nicht die arbeitskampfrechtliche Situation des Unternehmens. Die Arbeitnehmer können unter den allgemeinen Voraussetzungen ebenso streiken wie der Konkursverwalter die Aussperrungsmöglichkeit behält.

> Schaub, ZIP 1993, 974.

Häufig wird ein Streik freilich schon deshalb nicht aktuell werden, weil dadurch auf den Betrieb kaum Druck ausgeübt werden kann. Dem Gemeinschuldner kann es nur recht sein, in einem Arbeitskampf Lohnkosten zu sparen.

5. Anfechtbarkeit des Arbeitsverhältnisses nach §§ 29 ff KO

Der Fortbestand des Arbeitsverhältnisses im Konkurs des Arbeitgebers ändert selbstverständlich nichts daran, daß der Arbeitsvertrag wie jeder andere Vertrag auch unter den Voraussetzungen der §§ 29 ff KO angefochten werden kann.

> Ausführlich dazu
> Wichmann, Der Arbeitnehmer, Lehrling und Pensionär im Konkurs- und Vergleichsverfahren des Arbeitgebers, 1965, S. 104 ff;
> s. weiter Heinze, in: Gottwald, Insolvenzrechts-Handbuch, § 96 Rz. 25 ff;
> Hess/Kropshofer, KO, § 22 Rz. 318 ff;
> Kuhn/Uhlenbruck, KO, § 22 Rz. 7.
> Von der Anfechtbarkeit des Arbeitsvertrags oder einzelner seiner Klauseln geht auch § 141c AFG aus (kein Anspruch auf Konkursausfallgeld bei in anfechtbarer Weise erworbenen Ansprüchen).

Dies kann insbesondere bei Arbeitsverträgen unter Familienangehörigen praktisch bedeutsam sein. Dabei liegt der Schwerpunkt häufig weniger darauf, die Rückgewähr geleisteter Lohn- und Gehaltszahlungen zur Konkursmasse zu erlangen, als vielmehr weitere Lohnbelastungen für die Zukunft abzuwenden.

> Hess/Kropshofer, KO, § 22 Rz. 321.

Normalerweise bedarf es bei noch nicht vollständig erfüllten gegenseitigen Verträgen für die Beseitigung noch ausstehender Verbindlichkeiten des Gemeinschuldners deshalb keiner Konkursanfechtung, weil der Konkursverwalter dasselbe Ergebnis über die Erfüllungsablehnung (§ 17 KO) leichter erreichen kann. Beim Arbeitsverhältnis ist § 17 KO jedoch weitgehend durch § 22 KO verdrängt, was bedeutet, daß die Verbindlichkeiten des Arbeitgebers häufig vom Konkursverwalter nicht einseitig beseitigt werden können (Einzelheiten zu § 22 KO und seiner Bedeutung für die Anwendbarkeit von § 17 KO s. unten II 1 c). Damit kann die Konkursanfechtung interessant werden.

Die Anfechtbarkeit kann sowohl den Gesamtvertrag als auch nur einzelne Klauseln daraus erfassen. Grundsätzlich ist ein Rechtsgeschäft zwar nur insgesamt anfechtbar,

s. Kuhn/Uhlenbruck, KO, § 29 Rz. 9,

doch wird es beim Arbeitsvertrag häufig so sein, daß anfechtbares Rechtsgeschäft nicht der ursprüngliche Vertragsabschluß, sondern eine später erfolgte Vertragsänderung ist (Gehaltserhöhung, Beförderung, Verzicht auf eine Kündigungsmöglichkeit, Verlängerung von Kündigungsfristen bzw. Vereinbarung der Unkündbarkeit). Im praktischen Ergebnis kann dies auf die Möglichkeit einer sonst unzulässigen Teilkündigung hinauslaufen.

In entsprechender Anwendung von § 2 Abs. 1 Nr. 3 b i. V. m. § 3 ArbGG sind für die Anfechtungsklage des Konkursverwalters nicht die ordentlichen, sondern die Gerichte für Arbeitssachen zuständig.

**6.   Neubegründung von Arbeitsverhältnissen
          durch den Konkursverwalter**

Über den Fortbestand alter Arbeitsverhältnisse hinaus kann sich für den Gemeinschuldner dadurch eine Belastung mit Lohn- und Gehaltsforderungen ergeben, daß der Konkursverwalter neue Arbeitsverträge abschließt, wozu er grundsätzlich befugt ist. Die daraus entstehenden Verbindlichkeiten sind Masseschulden nach § 59 Abs. 1 Nr. 1 KO. Nach Konkursbeendigung bestehen die vom Konkursverwalter begründeten Arbeitsverhältnisse fort, sofern sie nicht wirksam befristet waren oder inzwischen gekündigt worden sind.

Die Notwendigkeit der Neubegründung von Arbeitsverhältnissen ist keineswegs nur eine rein theoretische Möglichkeit. Man denke etwa daran, daß zur Fortführung des Betriebs frei gewordene Stellen neu

besetzt werden müssen (vielleicht haben sich Arbeitnehmer eben wegen des Konkurses erfolgreich nach anderweitigen Arbeitsmöglichkei-
ten umgetan) oder daß ein notwendiger Arbeitnehmer bisher fehlte
(das Chaos in der Buchhaltung erfordert die Einstellung eines Buch-
halters).

Selbstverständlich muß der Konkursverwalter dabei auf die Interessen
des Gemeinschuldners und der Konkursgläubiger Rücksicht nehmen
und darf die Masse nicht ohne Notwendigkeit mit Dauerverbindlich-
keiten belasten. So kann es etwa geboten sein, die Buchhaltung durch
einen Steuerhelfer statt durch einen angestellten Buchhalter in Ordnung bringen zu lassen und bei der Eingehung eines Arbeitsverhältnisses muß der Konkursverwalter versuchen, nur zeitweilig anfallende
Arbeiten von einem nur befristet eingestellten Arbeitnehmer ausfüh-
ren zu lassen. Für die Wirksamkeit der Befristung gelten jedoch die
allgemeinen Grundsätze, d. h. es muß ein sachlicher Grund dafür bestehen. Dieser liegt nicht etwa schon darin, daß das Konkursverfahren
eröffnet worden ist und der Konkursverwalter derzeit die zukünftige
Entwicklung des Unternehmens nicht voraussehen kann und deshalb
flexibel reagieren können möchte.

> LAG Saarland ZIP 1988, 528;
> zum befristeten Arbeitsverhältnis
> im Konkurs s. weiter unten 3 f.

Alles dies ändert aber nichts daran, daß der Konkursverwalter für den
Gemeinschuldner neue Arbeitsverträge abschließen kann.

Von derartigen Arbeitsverträgen sind solche zu unterscheiden, bei
denen der Konkursverwalter seinerseits als Arbeitgeber Arbeitskräfte
einstellt, die ihn bei der Abwicklung des Konkurses unterstützen. Dabei handelt es sich um keine Arbeitnehmer des Gemeinschuldners,

> Heinze, in: Gottwald, Insolvenzrechts-
> Handbuch, § 95 Rz. 79;
> Kilger/Karsten Schmidt, KO,
> § 59 Anm. 1 a,

weshalb sie etwa bei Veräußerung des gemeinschuldnerischen Unternehmens nicht nach § 613a BGB auf den Erwerber übergehen. Im Einzelfall kann es schwierig sein, zu klären, ob der Konkursverwalter das Arbeitsverhältnis für sich oder für den Gemeinschuldner begründen wollte. Maßgeblich ist der nach §§ 133, 157 BGB zu ermittelnde objektive Erklärungswert.

BGHZ 113, 262 = ZIP 1991, 324.

II.   Kündigung des Arbeitsverhältnisses

1.   Bedeutung des § 22 KO für die ordentliche Kündigung

Ein Schwerpunkt der Problematik, ob ein Arbeitsverhältnis im Konkurs des Arbeitgebers gekündigt werden kann, liegt im Verständnis des § 22 KO. Danach kann ein angetretenes "Dienstverhältnis" (d. h. in der heutigen Terminologie ein Arbeitsverhältnis) von jedem Teil (und damit auch vom Konkursverwalter für den Arbeitgeber) gekündigt werden. Sofern keine kürzere Kündigungsfrist vereinbart worden ist, gilt die gesetzliche Frist.

a)   Anwendbarkeit des Kündigungsschutzgesetzes bei betriebsbedingter Kündigung

Bei unbefangenem Verständnis erweckt § 22 Abs. 1 KO den Eindruck, als gewähre die Vorschrift dem Konkursverwalter ein **Kündigungsrecht** unabhängig von den im Kündigungsschutzgesetz vorgesehenen Kündigungsgründen. Nach heute einhelliger Meinung ist dem jedoch nicht so. Die Bedeutung von § 22 KO liegt allein darin, daß er bei vertraglich vereinbarten Kündigungsfristen, die länger als die gesetzlichen Fristen sind, die vertragliche Abrede auf die gesetzliche Regelung reduziert (näheres zu den Kündigungsfristen s. unten b). Dagegen gibt die Vorschrift keinen über die gesetzlichen Vorschriften (insbesondere das Kündigungsschutzgesetz) hinausreichenden Kündigungsgrund. Vor allem ist nicht etwa die Konkurseröffnung für sich allein ein Kündigungsgrund.

Einhellige Meinung;
s. etwa Heinze, in: Gottwald, Insolvenzrechts-Handbuch, § 96 Rz. 13;
Hess/Kropshofer, KO, § 22 Rz. 331 ff;

Schaub, Arbeitsrechtshandbuch,
§ 93 IV 2 c;
KR-Becker, 3. Aufl., 1989,
§ 1 KSchG Rz. 108;
Jaeger/Henckel, KO, § 22 Rz. 19;
Kuhn/Uhlenbruck, KO, § 22 Rz. 12;
Hueck/v. Hoyningen-Huene, KSchG,
§ 1 Rz. 106;
MünchKomm-Schwerdtner, BGB, 2. Aufl.,
1988, vor § 620 Rz. 28;
Staudinger/Neumann, BGB, 12. Aufl.,
1979, § 626 Rz. 99;
Baur/Stürner, Zwangsvollstreckungs-,
Konkurs- und Vergleichsrecht, 12. Aufl.,
1989, Rz. 9.18.

Die Eröffnung des Konkursverfahrens ändert an der vertraglichen Bindung des Gemeinschuldners grundsätzlich nichts, sondern gibt allenfalls Anlaß, den unvermeidlichen Ausfall nach bestimmten Kriterien unter den Gläubigern aufzuteilen. So wie der Gemeinschuldner an sonstige Verträge mit ihrem jeweiligen Inhalt gebunden ist, gilt dies auch bei Arbeitsverträgen (einschließlich des besonderen Schutzes, den der Arbeitnehmer dabei kraft Gesetzes genießt).

Zur Bedeutung von § 17 KO in diesem Zusammenhang s. unten c).
Aus der Bindung des Konkursverwalters an den Arbeitsvertrag folgt auch, daß der Konkursverwalter eine für die Kündigung vereinbarte Schriftform einzuhalten hat;
BAG AP § 22 KO Nr. 3;
Jaeger/Henckel, KO, § 22 Rz. 80;
KR-Becker, § 1 KSchG Rz. 108;
Heinze, in: Gottwald, Insolvenzrechts-Handbuch, § 96 Rz. 30.

Das Kündigungsschutzgesetz ist also trotz des Konkursverfahrens uneingeschränkt anwendbar.

BAG ZIP 1983, 205 = AP § 22 KO Nr. 4
= NJW 1983, 1341.

Auch für das **Gesamtvollstreckungsverfahren** gilt nichts anderes. Der dem § 22 KO entsprechende § 9 Abs. 2 GesO ist ebenfalls dahingehend zu verstehen, daß er lediglich die Kündigungsfrist betrifft, nicht dagegen die Notwendigkeit eines Kündigungsgrundes nach dem Kündigungsschutzgesetz entbehrlich macht.

> Heinze, in: Gottwald, Insolvenzrechts-
> Handbuch, Nachtrag "GesO", Kap. VII B, Rz. 3.

Alles das hat erhebliche Auswirkungen. Häufig wird die Konkurseröffnung allerdings signalisieren, daß der Betrieb nicht fortgeführt werden kann und daß deshalb ein betriebsbedingter Kündigungsgrund vorliegt (zur personen- und verhaltensbedingten Kündigung im Konkurs s. unten f).

Dies muß jedoch keineswegs der Fall sein. Führt der Konkursverwalter den Betrieb (zunächst) weiter, so besteht u. U. kein Anlaß, Arbeitskräfte freizusetzen. Freilich bedeutet die Fortführung des Betriebs nicht, daß damit betriebsbedingte Kündigungen ausgeschlossen sind. Häufig wird es so sein, daß die Krise auf einer personellen Überbesetzung des Betriebs beruht, die abgebaut werden muß, wenn der Betrieb lebensfähig bleiben soll. All das hat mit dem Konkursverfahren jedoch insofern wenig zu tun, als sich dieselbe Situation auch unabhängig davon stellen kann und auch häufig stellt. Ob der Betrieb außerhalb oder innerhalb eines Konkursverfahrens saniert werden soll, ist für die Anwendbarkeit des Kündigungsschutzgesetzes gleichgültig.

Soweit der Konkursverwalter wegen Betriebsstillegung kündigen will, muß er entsprechend den allgemeinen Grundsätzen substantiiert darlegen, daß die Stillegungsentscheidung schon vor dem Kündigungszeitpunkt gefaßt worden war und die Realisierung der geplanten Maßnahmen bereits greifbare Formen angenommen hatte.

> BAG ZIP 1984, 1524;
> s. dazu Hillebrecht, ZIP 1985, 257, 261 f;
> Heinze, in: Gottwald, Insolvenzrechts-
> Handbuch, § 96 Rz. 74;
> Hess/Kropshofer, KO, § 22 Rz. 396.

Die Entscheidung des Konkursverwalters, den Betrieb stillzulegen, ist ebenso wie die des Unternehmensinhabers grundsätzlich gerichtlich nicht überprüfbar,

> Heinze, in: Gottwald, Insolvenzrechts-Handbuch, § 96 Rz. 71;
> Hess/Kropshofer, KO, § 22 Rz. 396,

es sei denn, die Entscheidung ist mißbräuchlich,

> BAGE 31, 157 = AP § 1 KSchG Betriebs-bedingte Kündigung Nr. 6;
> BAGE 32, 150 = ZIP 1980, 379
> = AP § 1 KSchG Betriebsbedingte Kündigung Nr. 8,

was im Konkurs kaum je der Fall sein dürfte.

Die in der Praxis wohl wichtigste Konsequenz einer Anwendung des Kündigungsschutzgesetzes besteht darin, daß bei der betriebsbedingten Kündigung die soziale Rechtfertigung der Kündigung auch von der sachgerechten Auswahl der gekündigten Arbeitnehmer abhängt (§ 1 Abs. 3 KSchG). Das ist dann unbestreitbar, wenn der Betrieb fortgeführt und nur einzelne Arbeitnehmer entlassen werden sollen, gilt aber auch bei einer etappenweise erfolgenden Stillegung des Betriebs. Hier kann sich der Konkursverwalter nicht die Arbeitnehmer aussuchen, die er bis zuletzt weiterbeschäftigen will.

Das LAG Hamm hat dem Konkursverwalter allerdings im Fall einer etappenweisen Stillegung des Betriebs eine freie Auswahlbefugnis der zunächst zu kündigenden Arbeitnehmer zugestanden; der Konkurs-verwalter soll ohne Bindung an § 1 Abs. 3 KSchG die Arbeitnehmer weiterbeschäftigen können, von denen er sich die größte Effektivität verspricht.

> LAG Hamm ZIP 1980, 470
> (aufgehoben durch BAG AP § 22 KO Nr. 4).

Zur Begründung führt das LAG Hamm aus, daß es beim Kündigungs-schutz um eine auf Dauer gerichtete Erhaltung des Arbeitsplatzes geht. Stehe der Wegfall des Arbeitsplatzes ohnehin fest, so versage der

Kündigungsschutz. Dem muß widersprochen werden. Wird ein Betrieb außerhalb eines Konkursverfahrens etappenweise liquidiert, so kommt niemand auf den Gedanken, den Arbeitgeber von der Bindung an § 1 Abs. 3 KSchG freizustellen. Einem sozial schutzbedürftigen Arbeitnehmer kann auch damit geholfen sein, daß er statt sofort erst später gekündigt wird. Ist das aber richtig, dann kann für eine vom Konkursverwalter zu treffende Auswahl nichts anderes gelten.

> Zutreffend BAG ZIP 1983, 205
> = AP § 22 KO Nr. 4 = NJW 1983, 1341;
> Herschel/Löwisch, KSchG, 6. Aufl.,
> 1984, § 1 Rz. 8;
> Hess/Kropshofer, KO, § 22 Rz. 382 ff;
> KR-Weigand, § 22 KO Rz. 23;
> Kuhn/Uhlenbruck, KO, § 22 Rz. 16 a.
> Ob dann eine Sozialauswahl unterbleiben
> kann, wenn für die Auswahl praktisch keine
> Zeit verbleibt (so LAG Hamm ZIP 1986, 246),
> erscheint fraglich.

Wird der Betrieb dagegen vom Konkursverwalter sofort vollständig stillgelegt und werden Arbeitnehmer auch nicht mehr für Abwicklungsarbeiten benötigt, so kann sämtlichen Arbeitnehmern betriebsbedingt gekündigt werden, womit sich eine Sozialauswahl erübrigt.

> KR-Weigand, § 22 KO Rz. 23;
> Heinze, in: Gottwald, Insolvenzrechts-
> Handbuch, § 96 Rz. 72;
> Kuhn/Uhlenbruck, KO, § 22 Rz. 16 a.

Die Notwendigkeit einer Sozialauswahl bei nicht sofortiger und vollständiger Stillegung des Betriebs kann auch nicht dadurch vermieden werden, daß der Konkursverwalter zunächst allen Arbeitnehmern betriebsbedingt kündigt und anschließend einzelnen den Abschluß eines neuen Arbeitsvertrags anbietet.

> In diese Richtung aber
> Kuhn/Uhlenbruck, KO, § 22 Rz. 16 a.

Darin läge ein Verstoß gegen § 1 Abs. 3 KSchG, was zur Folge hätte, daß sämtliche Kündigungen (d. h. nicht nur die der sozial schwächeren Arbeitnehmer) unwirksam wären.

> Zutreffend Heinze, in: Gottwald, Insolvenz-rechts-Handbuch, § 96 Rz. 73.

Aus der Anwendbarkeit des Kündigungsschutzgesetzes folgt weiter, daß der Arbeitnehmer die Unwirksamkeit der Kündigung nur auf dem Weg über die Erhebung einer Kündigungsschutzklage geltend machen kann. Auch insoweit gilt für die vom Konkursverwalter ausgesprochene Kündigung nichts anderes als für jede andere Kündigung.

b)   Kündigungsfrist

Die Bedeutung des § 22 Abs. 1 KO (und ebenso die von § 9 Abs. 2 GesO) liegt demnach nicht darin, daß die Vorschrift einen Kündigungsgrund abgeben oder den Konkursverwalter von der Notwendigkeit eines Kündigungsgrundes freistellen würde, sondern allein in der **Festlegung der Kündigungsfrist**: Diese bestimmt sich grundsätzlich nach den gesetzlichen Fristen (§ 22 Abs. 1 Satz 2 KO), d. h. insbesondere nach § 622 BGB (in der Fassung des Gesetzes vom 7. 10. 1993, BGBl I, 1668). Nur wenn einzelvertraglich eine kürzere Frist vereinbart war, bewendet es dabei. Praktische Bedeutung hat § 22 Abs. 1 KO also allein dann, wenn das Arbeitsverhältnis ohne den Konkurs nur mit einer längeren als der gesetzlichen Frist gekündigt werden könnte; diese Frist wird auf die gesetzliche reduziert. Der Zweck dieser Regelung besteht darin, im Interesse der Konkursmasse eine allzu lange Bindung an inzwischen nicht mehr sinnvolle Arbeitsverhältnisse zu verhindern.

> Aus diesem Verständnis des § 22 KO folgt (was im Schrifttum häufig nicht hervorgehoben wird), daß der in § 22 Abs. 2 KO geregelte Schadensersatzanspruch wegen Aufhebung des Arbeitsverhältnisses nur den Schaden umfaßt, der daraus resultiert, daß das Arbeitsverhältnis früher als vertraglich vereinbart aufgelöst worden ist; zutreffend Jaeger/Henckel, KO, § 22 Rz. 30.

Dagegen hat der Arbeitnehmer nicht etwa
einen Schadensersatzanspruch wegen Ver-
lustes des Arbeitsplatzes: Wäre die Kündigung außerhalb eines Konkursverfahrens erfolgt, hätte sie der Arbeitnehmer auch ent-
schädigungslos hinnehmen müssen.

Die Reduzierung der vertraglich vereinbarten Kündigungsfrist wirkt
sich bei einer vom Gemeinschuldner vor Konkurseröffnung erklärten
Kündigung dahingehend aus, daß der Konkursverwalter die Kündigung erneut aussprechen kann, wenn sich so eine frühere Auflösung
des Arbeitsverhältnisses erreichen läßt. Die Kündigungsfrist bemißt
sich dann aber ab der Kündigungserklärung des Konkursverwalters.

Sehr umstritten ist nach wie vor die Frage, welche Bedeutung die Regelung der Kündigungsfristen in einem Tarifvertrag hat. Handelt es
sich dabei um die gesetzliche Kündigungsfrist i. S. d. § 22 Abs. 1 Satz 1
KO,

> so vor allem
> BAGE 46, 206 = ZIP 1984, 1517
> = AP § 22 KO Nr. 5;
> LAG Köln ZIP 1983, 215
> und aus dem Schrifttum
> KR-Weigand, § 22 KO Rz. 18;
> Herschel, BB 1984, 987;
> Schaub, ZIP 1993, 970;
> Heinze, in: Gottwald, Insolvenzrechts-
> Handbuch, § 96 Rz. 60,

oder sind diese Fristen im Rahmen des § 22 KO wie einzelvertragliche
Fristen zu behandeln, was bedeuten würde, daß maßgeblich die gesetzliche Frist ist, die ohne den Tarifvertrag zum Zuge käme?

> In diesem Sinne vor allem
> Wichmann, Der Arbeitnehmer, Lehrling und
> Pensionär im Konkurs- und Vergleichsver-
> fahren des Arbeitgebers, S. 38 m. w. N.;
> Staudinger/Neumann, BGB, § 626 Rz. 99;
> Jaeger/Henckel, KO, § 22 Rz. 24;

Henckel, Anm. zu LAG Köln EzA, § 22 KO Nr. 3;
Kuhn/Uhlenbruck, KO, § 22 Rz. 11;
Hess/Kropshofer, KO, § 22 Rz. 366 ff.

Möglicherweise muß auch danach differenziert werden, ob der Tarifvertrag für allgemeinverbindlich erklärt worden ist (dann handelt es
sich um eine gesetzliche Frist) oder nicht.

So Heilmann, Die Rechtslage des Arbeit-
nehmers bei Insolvenz seines Arbeitgebers,
1977, S. 89.
Gegen diese Differenzierung zutreffend
BAGE 46, 206, 209 f = ZIP 1984, 1517
= AP § 22 KO Nr. 5.

Man sollte die Antwort nicht von der bis heute ungelösten Problematik
abhängig machen, ob der Tarifvertrag reiner Vertrag oder Rechtsnorm
ist.

S. dazu Wiedemann/Stumpf, TVG, 5. Aufl.,
1977, § 1 Rz. 21 ff m. w. N.

Auf diesem Weg liegt die Gefahr begrifflicher Kurzschlüsse offen zu
Tage. Maßgeblich muß vielmehr die Interessenlage sein und diese
spricht für eine Gleichstellung tariflicher und gesetzlicher Kündigungsfristen. Der Rechtsprechung zu dem Problemkreis ist also zuzustimmen. Wenn der Gesetzgeber die Regelung des Arbeitsverhältnisses in
diesem Punkt den Tarifvertragsparteien offenhält, so deshalb, weil er
darauf vertraut, daß auf diesem Weg ein auch für die Allgemeinheit in-
teressengerechtes Ergebnis herauskommt. Sicher ist denkbar, daß tarifvertragliche Kündigungsfristen sich für die Konkursgläubiger ungün-
stig auswirken können, doch ist die Interessenlage keine andere, als
wenn im Tarifvertrag Löhne und Gehälter vereinbart werden. Dies
geht auch zu Lasten der Konkursgläubiger. Diese haben das Arbeitsverhältnis nun einmal so hinzunehmen, wie es durch tarifvertragliche
Vereinbarungen ausgestaltet ist. Man kann in diesem Zusammenhang
auch nicht darauf abstellen, daß einzelvertragliche Kündigungsfristen
ebenfalls durch § 22 Abs. 1 Satz 2 KO gekürzt werden, obwohl das Arbeitsverhältnis im übrigen wie dargelegt (s. oben A I 1) im Konkurs

unverändert fortbesteht. Gerade dies zeigt, daß § 22 Abs. 1 Satz 2 KO eine mit dem System nur schwer vereinbare Ausnahmeregelung ist, die in unserem Zusammenhang restriktiv ausgelegt werden muß.

> So auch
> BAGE 46, 205, 215 = ZIP 1984, 1517
> = AP § 22 KO Nr. 5.

Eine unvermeidbare Folgerung der hier vertretenen Auffassung ist es, daß der Konkursverwalter auch an eine tarifliche "Unkündbarkeitsklausel" gebunden ist.

> Zutreffend
> BAGE 46, 206, 216 (aaO);
> KR-Weigand, § 22 KO Rz. 18.

Derartige Klauseln sind insbesondere bei schon lange bestehenden Arbeitsverhältnissen häufig: Ab einer gewissen Dauer des Arbeitsverhältnisses kann dieses nicht mehr ordentlich gekündigt werden. Dabei handelt es sich gewissermaßen um eine Erstreckung der Kündigungsfrist "ins Unendliche". Von der Interessenlage her kann eine derartige Tarifvertragsklausel in unserem Zusammenhang nicht anders als eine lange Kündigungsfrist behandelt werden: Stellt man tarifvertragliche und gesetzliche Kündigungsfristen auf ein und dieselbe Stufe, so muß der Konkursverwalter daran gebunden sein. Sieht man in den tarifvertraglichen Kündigungsfristen dagegen einzelvertragliche Fristenregelungen, so muß das Arbeitsverhältnis trotz der an sich gegebenen Unkündbarkeit mit der gesetzlichen Kündigungsfrist aufgelöst werden können. Qualitativ kann die Unkündbarkeitsklausel auf keiner anderen Ebene als die Vereinbarung einer langen Kündigungsfrist angesiedelt werden. Einzelvertragliche Unkündbarkeitsklauseln sind auf jeden Fall im Konkursverfahren nicht bestandskräftig und werden durch § 22 KO auf eine Kündigungsmöglichkeit mit der gesetzlichen Kündigungsfrist reduziert (s. zur Unkündbarkeit weiter unten A II 2).

Aus der hier in Übereinstimmung mit dem Bundesarbeitsgericht vertretenen Auffassung einer Bindung des Konkursverwalters an eine tarifvertragliche Unkündbarkeitsklausel folgt nicht, daß der Konkursverwalter das Arbeitsverhältnis unter allen Umständen ad infinitum fortschleppen muß. Es gelten insoweit vielmehr die allgemeinen

Schranken für die Wirkungen einer Unkündbarkeitsklausel, d. h. daß
der Arbeitnehmer vor allem bei Stillegung des Betriebs gleichwohl gekündigt werden kann,

> BAGE 46, 206, 216 ff = ZIP 1984, 1517
> = AP § 22 KO Nr. 5;
> BAGE 48, 220 = ZIP 1985, 1351
> = AP § 626 BGB Nr. 86;
> KR-Becker, § 1 KSchG Rz. 329;
> Schaub, ZIP 1993, 970,

wobei hier offenbleiben kann, ob es sich um eine ordentliche oder um
eine sogenannte außerordentliche befristete Kündigung handelt und
wie die Kündigungsvoraussetzungen und -wirkungen im einzelnen zu
bestimmen sind. In unserem Zusammenhang ist allein maßgeblich, daß
wir es mit keiner spezifisch konkursrechtlichen Problematik zu tun haben, wobei die Lösung jedoch auch beim Konkurs des Arbeitgebers
Geltung beanspruchen kann.

c)   **Verhältnis von § 22 KO zu § 17 KO**

Als Dauerschuldverhältnis ist das Arbeitsverhältnis bei Konkurseröffnung von beiden Seiten noch nicht vollständig erfüllt. Damit stellt sich
die Frage, ob nicht auch § 17 KO einschlägig ist (d. h. daß der Konkursverwalter zwischen Erfüllungsverlangen und Erfüllungsablehnung
wählen kann),

> im folgenden wird von diesem der h. M.
> entsprechenden Verständnis ausgegangen;
> s. etwa Jaeger/Henckel, KO, § 17
> Rz. 111 ff;
> Kuhn/Uhlenbruck, KO, § 17 Rz. 19;
> Baur/Stürner, Zwangsvollstreckungs-,
> Konkurs- und Vergleichsrecht, Rz. 9.3.
> Gegen die h. M. hat sich freilich mit
> beachtlichen Gründen Musielak, AcP 179, 189
> ausgesprochen. In vorliegendem Zusammenhang
> kommt es auf die Unterschiede in der dog-
> matischen Sichtweise nicht an,

oder ob diese Vorschrift durch § 22 KO als lex specialis verdrängt wird.

aa)   Einigkeit besteht insoweit, als § 17 KO bei noch **nicht angetretenen Arbeitsverhältnissen** uneingeschränkt anwendbar ist.

> Jaeger/Henckel, KO, § 17 Rz. 14;
> Kuhn/Uhlenbruck, KO, § 22 Rz. 1;
> Hess/Kropshofer, KO, § 22 Rz. 372 f;
> KR-Weigand, § 22 KO Rz. 12;
> Heinze, in: Gottwald, Insolvenzrechts-
> Handbuch, § 96 Rz. 2;
> Kilger/Karsten Schmidt, KO, § 22 Anm. 6.

§ 22 Abs. 1 Satz 1 KO stellt darauf ab, daß das Arbeitsverhältnis angetreten ist. Soweit dies nicht der Fall ist, bleibt es bei der allgemeinen
Regelung des § 17 KO, d. h. der Konkursverwalter kann hier nach
pflichtgemäßem Ermessen die Erfüllung ablehnen. Praktisch wirkt sich
dies wie eine fristlose Kündigung aus. Bei der Ermessensausübung hat
der Konkursverwalter wie bei anderen Verträgen auch,

> Jaeger/Henckel, KO, § 17 Rz. 129,

allein im Interesse der Konkursmasse zu handeln. Insbesondere
braucht und darf er in seine Erwägungen nicht die Frage einzubezie-
hen, ob bei einem bereits angetretenen Arbeitsverhältnis ein Kündigungsgrund vorliegen würde.

In den praktischen Auswirkungen wirkt sich die Erfüllungsablehnung
zwar wie eine fristlose Kündigung aus, doch handelt es sich dogmatisch
nicht darum. Infolgedessen braucht der Arbeitnehmer, sofern er die
Unwirksamkeit der Erfüllungsablehnung geltend machen will, keine
Kündigungsschutzklage zu erheben.

> Willemsen, AR-Blattei, Konkurs I,
> unter D I 5 b.

Weiter kommt es nicht auf die noch nicht restlos geklärte Frage an, ob
vor Antritt des Arbeitsverhältnisses überhaupt eine Kündigung möglich ist.

> S. dazu MünchKomm-Schwerdtner, BGB,
> vor § 620 Rz. 154 ff.

Bei Ablehnung der Erfüllung hat der Arbeitnehmer nach § 26 Satz 2 KO einen Schadensersatzanspruch, der jedoch nicht bevorrechtigt ist, sondern nur eine einfache Konkursforderung nach § 61 Abs. 1 Nr. 6 KO darstellt.

bb) Problematischer als beim noch nicht angetretenen Arbeitsverhältnis ist das Verhältnis von § 17 KO zu § 22 KO im Regelfall des bereits **verwirklichten Arbeitsverhältnisses**. Im Schrifttum wird insoweit die Auffassung vertreten, § 17 KO greife bei solchen Verträgen nicht ein, für die in der Konkursordnung Sonderregelungen enthalten sind (was für den Arbeitsvertrag mit § 22 KO der Fall ist).

> Jaeger/Henckel, KO, § 17 Rz. 10,
> § 22 Rz. 13;
> Kuhn/Uhlenbruck, KO, § 17 Rz. 5;
> Hess/Kropshofer, KO, § 22 Rz. 376.

Demgegenüber muß klargestellt werden, daß die Sonderregelung des § 22 ZPO dem § 17 KO nur insoweit vorgeht, als dies von der in ihr angeordneten Rechtsfolge her geboten ist. Konkret bedeutet dies, daß der Konkursverwalter nicht unter Berufung auf § 17 KO die Erfüllung des Arbeitsvertrags ablehnen darf. Die Beendigung des Arbeitsverhältnisses ist nach § 22 Abs. 1 KO nur auf dem Weg über eine Kündigung möglich. Dagegen besagt § 22 KO nichts darüber, daß der Konkursverwalter die Erfüllung des Arbeitsvertrags verlangen kann. Diese Befugnis ergibt sich auch im Arbeitsverhältnis ausschließlich aus § 17 Abs. 1 KO

> a. A. Jaeger/Henckel, KO, § 22 Rz. 13;
> Hess/Kropshofer, KO, § 22 Rz. 377 ff.

Dagegen läßt sich auch nicht vorbringen, daß das Arbeitsverhältnis ohne eine Kündigung ohnehin fortbesteht und damit erfüllt werden muß, weshalb ein besonderes Erfüllungsverlangen zwecklos sei. Der Konkursverwalter, der an dem Arbeitsverhältnis festhalten wolle, brauche bloß von einer Kündigung abzusehen, könne andererseits durch ein Erfüllungsverlangen aber auch nicht das Kündigungsrecht des Arbeitnehmers ausschließen. Letzteres ist sicher richtig, bedeutet aber nicht, daß ein Erfüllungsverlangen ins Leere stößt. Der Konkursverwalter, der die Abwanderung wichtiger Arbeitskräfte befürchtet, kann durch ein Erfüllungsverlangen klarstellen, daß er seinerseits zunächst nicht an eine Kündigung denkt und damit vielleicht den drohenden Ausverkauf verhindern. Der Sache nach handelt es sich dabei um einen Verzicht auf das sich aus § 22 KO i. V. m. § 1 KSchG ergebende Kündigungsrecht. Selbstverständlich bindet die Erklärung den Konkursverwalter nicht für alle Zeiten, sondern nur bei Fortbestehen der momentanen Situation. Wer ein derzeit bestehendes Kündigungsrecht nicht ausüben will und deshalb darauf verzichtet, bleibt damit an den Vertrag nicht "ewig" gebunden.

Eine praktische Konsequenz des Gesagten besteht darin, daß die Ansprüche der Arbeitnehmer Masseschulden nach § 59 Abs. 1 Nr. 2 KO werden. Dies gilt auch nicht etwa nur für die nach dem Erfüllungsverlangen bzw. der Eröffnung des Konkursverfahrens fällig gewordenen Ansprüche des Arbeitnehmers, sondern ebenso für alle Rückstände.

> Daß auch Rückstände aus einem einheitlichen
> Vertrag nach § 59 Abs. 1 Nr. 2 KO Masse-
> schulden werden, ist einhellige Meinung;
> s. etwa Hess/Kropshofer, KO, § 59 Rz. 77;
> RGZ 148, 326, 330.
> Eben daher erklärt sich die Differenzierung
> zwischen Sukzessiv- und Wiederkehrschuld-
> verhältnis.

§ 59 Abs. 1 Nr. 3 KO, demzufolge Rückstände für die letzten sechs Monate vor Eröffnung des Verfahrens Masseschulden sind, die im Rang jedoch erst nach den Masseschulden aus § 59 Abs. 1 Nr. 1 und 2 KO sowie nach den Massekosten i. S. d. § 58 Nr. 1 und 2 KO befriedigt werden (§ 60 KO), spielt bei der Erfüllung des Arbeitsverhältnisses nach einem Erfüllungsverlangen des Konkursverwalters also keine Rolle: Die Arbeitnehmer kommen in den Genuß des noch günstigeren Rangs aus § 59 Abs. 1 Nr. 2 KO. Auf § 59 Abs. 1 Nr. 3 KO sind nur die Arbeitnehmer angewiesen, deren Arbeitsverhältnisse durch Kündigung seitens des Konkursverwalters aufgelöst sind bzw. die zunächst ohne irgendeine Erklärung des Konkursverwalters weitergeführt werden.

> A. A. Jaeger/Henckel, KO, § 22 Rz. 13;
> Hess/Kropshofer, KO, § 22 Rz. 381.

Gerade diese Unterschiede in der rangmäßigen Einordnung zeigen, daß der Konkursverwalter nicht in einen Verzicht auf sein Kündigungsrecht ausweichen können darf, sondern daß wir es mit einem Erfüllungsverlangen i. S. d. § 17 KO zu tun haben. Es spricht nichts dafür, die Arbeitnehmer insoweit schlechter als andere Gläubiger zu stellen. Insbesondere läßt sich eine solche Schlechterstellung nicht von § 22 KO her begründen.

d) Änderungskündigung

Eine im Konkurs eines Unternehmers geradezu typische Konstellation besteht darin, daß der Konkursverwalter es für erforderlich hält, den Betrieb zumindest teilweise umzuorganisieren: Arbeitskräfte sollen dann an anderen Stellen als bisher eingesetzt oder mit neuen Aufgaben betraut werden (vor allem reinen Abwicklungsarbeiten bei Stillegung des Betriebs). Häufig wird es weiter vorkommen, daß der Konkursverwalter Arbeitskräfte zwar halten, nicht aber die bisher gezahlten übertariflichen Löhne aufbringen möchte. In derartigen Fällen kann das angestrebte Ziel nur über eine **Änderungskündigung** erreicht werden.

S. BAGE 43, 13, 24 = ZIP 1983, 1377, 1381.

Insbesondere erweitert das Konkursverfahren nicht etwa die Direktionsbefugnis gegenüber dem Arbeitnehmer (s. oben I 1).

Jaeger/Henckel, KO, § 22 Rz, 37;
Heinze, in: Gottwald, Insolvenzrechts-Handbuch, § 95 Rz. 20.

Je weniger exakt die geschuldete Arbeitsleistung im Arbeitsvertrag ausformuliert ist, um so eher hat der Konkursverwalter die Möglichkeit, dem Arbeitnehmer eine neue Arbeit zuzuweisen.

Zum Verhältnis zwischen der im Einzelvertrag vereinbarten Arbeitsleistung und dem Direktionsrecht s.
BAG ZIP 1980, 672;
BAG ZIP 1981, 418;
Schaub, Arbeitsrechtshandbuch, § 45 IV 1,

doch wird ihm das häufig wenig helfen. In erster Linie dürfte es ihm um die Bindung besonders qualifizierter Kräfte gehen, und bei eben diesen ist die Arbeitsleistung in der Regel exakter als bei ungelernten Kräften vertraglich umschrieben.

Soweit der Konkursverwalter sein Ziel durch eine Änderungskündigung zu erreichen sucht, stellt sich die Frage, inwieweit es bei der Beurteilung der sozialen Rechtfertigung der Kündigung eine Rolle spielt, daß die Kündigung nicht auf Beendigung des Arbeitsverhältnisses, sondern nur auf seine inhaltliche Umgestaltung abzielt.

>Zum Verhältnis der Änderungs- gegen-
>über der Beendigungskündigung s.
>Hillebrecht, ZIP 1985, 257, 260.

Es geht dabei darum, ob eine Kündigung als sog. Beendigungskündigung nicht unwirksam, als Änderungskündigung dagegen wegen des geringeren dem Arbeitnehmer zugemuteten Opfers wirksam sein kann. Die herrschende Meinung bejaht diese Frage zutreffend; für sie muß bei der Prüfung der sozialen Rechtfertigung der Kündigung das vom Arbeitgeber unterbreitete Änderungsangebot mitberücksichtigt werden.

>BAG AP § 626 BGB Änderungskündigung Nr. 1;
>BAG AP § 2 KSchG 1969 Nr. 3 (I 2 a der Ent-
>scheidungsgründe);
>Schaub, Arbeitsrechtshandbuch, § 137 III 3 b;
>Hueck/v. Hoyningen-Huene, KSchG,
>S. 2 Rz. 54 ff;
>Herschel/Löwisch, KSchG, § 2 Rz. 31;
>Jaeger/Henckel, KO, § 22 Rz. 27 a. E.;
>KR-Rost, § 2 KSchG Rz. 84;
>a. A. vor allem
>Schwerdtner, in: 25 Jahre BAG, 1979,
>S. 555 ff, und zuletzt
>MünchKomm-Schwerdtner, BGB, vor § 620
>Rz. 651 ff.

Für die herrschende Meinung spricht entscheidend, daß eine so vage gehaltene Generalklausel wie die der sozialen Rechtfertigung einer Kündigung auch unter Berücksichtigung der in § 1 Abs. 2 KSchG versuchten teilweisen Konkretisierung nicht ohne Berücksichtigung der Interessenlage der Parteien ausgelegt werden kann. Dabei kommt man dann nicht darum herum, daß der Arbeitnehmer gegenüber einem völligen Verlust seines Arbeitsplatzes stärker geschützt werden muß, als wenn es nur um eine Umgestaltung der Vertragsbedingungen geht (wobei nicht verkannt wird, daß die Änderung in der Regel auf eine Verschlechterung hinausläuft). Dem kann auch nicht entgegengehalten werden, daß durch das Kündigungsschutzgesetz nicht nur ein Bestands-, sondern auch ein Inhaltsschutz erreicht werden soll. Das ist zwar sicher richtig, besagt aber nicht, daß der Schutz jeweils an ein und derselben Grenze einsetzt.

Geht man mit der herrschenden Meinung davon aus, daß an die soziale Rechtfertigung einer Kündigung bei einer Änderungskündigung großzügigere Maßstäbe als bei einer Beendigungskündigung zu legen sind, so wirkt sich dies im Konkurs naturgemäß stark aus. Die betriebliche Notwendigkeit einer Anpassung der Arbeitsverhältnisse an die neue Situation rechtfertigt manche Änderungskündigung, die als Beendigungskündigung unwirksam wäre. Eine exakte Abgrenzung ist hier naturgemäß nicht möglich. Daß die Rechtmäßigkeit der Kündigung vom Ausmaß der angestrebten Änderung abhängt, ist nach dem Gesagten selbstverständlich. Weiter spielt es eine Rolle, auf welchen Vertragspunkt sich die Änderungskündigung bezieht. So wird es dem Arbeitnehmer etwa eher zumutbar sein, in einer anderen Betriebsabteilung als bisher zu arbeiten, als eine Kürzung seines Lohns hinzunehmen.

e)   **Massenentlassungen**

Nur kurz erwähnt werden soll hier die **Anzeigepflicht bei Massenentlassungen** (§ 17 KSchG). Diese Pflicht gilt für den Konkursverwalter im Konkurs des Arbeitgebers gleichermaßen wie für den Arbeitgeber bei einer "normalen" Massenentlassung.

Einhellige Meinung; s. etwa
Kuhn/Uhlenbruck, KO, § 22 Rz. 18;
Jaeger/Henckel, KO, § 22 Rz. 35;
Herschel/Löwisch, KSchG, § 17 Rz. 9 a;

Hueck/v. Hoyningen-Huene, KSchG, § 17 Rz. 66;
Heinze, in: Gottwald, Insolvenzrechts-
Handbuch, § 96 Rz. 160 ff;
Schaub ZIP 1993, 971 ff;
KR-Rost, § 17 KSchG Rz. 38;
Hess/Kropshofer, KO, § 22 Rz. 471 ff;
Kilger/Karsten Schmidt, KO, § 22 Anm. 7;
LAG Hamm ZIP 1986, 246, 248;
BSGE 46, 100.

Bei einer Massenänderungskündigung werden die Änderungen nicht mitgezählt, denen die betroffenen Arbeitnehmer zugestimmt haben.

Hueck/v. Hoyningen-Huene, KSchG,
§ 17 Rz. 25;
KR-Rost, § 17 KSchG Rz. 41.

Dagegen gelten solche Arbeitsverhältnisse als i. S. d. § 17 KSchG gekündigt, bei denen die Arbeitnehmer der Änderung widersprochen haben.

Hueck/v. Hoyningen-Huene, KSchG,
§ 17 Rz. 25;
KR-Rost, § 17 KSchG Rz. 41.

f)   Personen- und verhaltensbedingte Kündigungen

§ 22 KO will dem Konkursverwalter eine Anpassung des Personalbestands an die veränderte wirtschaftliche Lage des Betriebs ermöglichen. Es handelt sich um eine Sonderregelung für die betriebsbedingte Kündigung. Von seinem Wortlaut her ist § 22 KO zwar auch bei **personen- sowie verhaltensbedingten Kündigungen** anwendbar, doch wird das von dem mit der Vorschrift verfolgten Zweck nicht gedeckt. Soweit für die Kündigung keine betriebliche Notwendigkeit besteht, ist der Konkursverwalter an dieselben Kündigungsgrenzen wie der Gemeinschuldner gebunden. § 22 KO ist insoweit restriktiv auszulegen, d. h. die Kündigungsfrist reduziert sich nicht auf die gesetzlich vorgesehene Dauer.

A. A. Hess/Kropshofer, KO, § 22 Rz. 540 ff.

g)   **Stellung des Betriebsrates bei Kündigungen**

Ohne Einfluß ist die Konkurseröffnung weiter auf die Stellung des Betriebsrats bei Kündigungen. Das Betriebsratsamt besteht im Konkurs fort und der Betriebsrat muß vom Konkursverwalter vor jeder Kündigung nach § 102 Abs. 1 Satz 1 BetrVG angehört werden; andernfalls ist die Kündigung ohne weiteres unwirksam.

> Jaeger/Henckel, KO, § 22 Rz. 30;
> Wichmann, Der Arbeitnehmer, Lehrling
> und Pensionär im Konkurs- und Vergleichs-
> verfahren des Arbeitgebers, S. 85 f;
> KR-Etzel, § 102 BetrVG Rz. 34;
> Hess, ZIP 1985, 334, 336 f;
> Hess/Kropshofer, KO, § 22 Rz. 23;
> Kuhn/Uhlenbruck, KO, § 2 Rz. 17 a.

Dem Betriebsrat steht auch die Widerspruchsmöglichkeit (§ 102 Abs. 3 BetrVG) zu. Übt er sie aus und hat der Arbeitnehmer Kündigungsschutzklage erhoben, so steht diesem der Weiterbeschäftigungsanspruch aus § 102 Abs. 5 BetrVG zu. An all dem ändert sich durch das Konkursverfahren nichts.

> Heinze, in: Gottwald, Insolvenzrechts-
> Handbuch, § 96 Rz. 140 ff;
> Kuhn/Uhlenbruck, KO, § 22 Rz. 17 a.

Allerdings wird im Konkurs die Weiterbeschäftigung des Arbeitnehmers für die Konkursmasse häufig eine unzumutbare wirtschaftliche Belastung darstellen, so daß der Konkursverwalter durch einstweilige Verfügung von der Weiterbeschäftigung entbunden werden kann (§ 102 Abs. 5 Satz 2 Nr. 3 BetrVG).

> Heinze, in: Gottwald, Insolvenzrechts-
> Handbuch, § 96 Rz. 147 ff.

Die Befugnisse des Betriebrats hängen auch nicht davon ab, ob der Betrieb vom Konkursverwalter zunächst fortgeführt oder sofort stillgelegt wird. Bei Betriebstilllegung besteht der Betriebsrat nämlich noch solange fort, als noch zu vertretende Arbeitnehmer vorhanden sind, deren Arbeitsverhältnisse einstweilen rechtlich nicht beendet sind.

BAG AP § 102 BetrVG 1972 Nr. 11;
s. weiter
Willemsen, Arbeitnehmerschutz bei Be-
triebsänderungen im Konkurs, S. 160 ff; Heinze, in:
Gottwald, Insolvenzrechts-
Handbuch, § 99 Rz. 31 f.

Die Befugnisse des Betriebsrats erlöschen auch nicht dadurch, daß die
Zahl der beschäftigten Arbeitnehmer unter fünf sinkt und der Betrieb
damit nicht mehr betriebsratspflichtig ist.

Hess/Kropshofer, KO, § 22 Rz. 33;
KR-Etzel, § 102 BetrVG Rz. 23 a;
Jaeger/Henckel, KO, § 22 Rz. 30.

2. **Außerordentliche Kündigung**

a) **Notwendigkeit eines Kündigungsgrundes**

Ebenso wie der Gemeinschuldner kann auch der Konkursverwalter unter den **Voraussetzungen des § 626 BGB** das Arbeitsverhältnis außerordentlich kündigen. Das Recht zur außerordentlichen Kündigung
wird durch die Eröffnung des Konkursverfahrens jedoch nicht erweitert. Insbesondere ist der Konkurs für sich allein kein Kündigungsgrund i. S. d. § 626 BGB.

Einhellige Meinung; s. etwa
BAG NJW 1969, 525;
Schaub, Arbeitsrechtshandbuch,
§ 125 VII 19;
Staudinger/Neumann, BGB, § 626 Rz. 105;
Kuhn/Uhlenbruck, KO, § 22 Rz. 20;
Hess/Kropshofer, KO, § 22 Rz. 545 ff;
KR-Weigand, § 22 KO Rz. 26.

Das ist gesetzlich zwar nicht ausdrücklich geregelt, ergibt sich aber als
notwendige Konsequenz aus § 22 KO. Soll die dort für die Kündigung
vorgesehene Fristenregelung nicht unterlaufen werden, so darf die
Konkurseröffnung keine sofortige Beendigung des Arbeitsverhältnisses
ermöglichen. Dabei spielt es auch keine Rolle, ob sich der Zwang zur
einstweiligen Weiterbeschäftigung für den Betrieb besonders nachtei-

lig auswirkt. Auch dann, wenn der Konkursverwalter etwa den Betrieb bei sofortiger Reduzierung des Personalbestands günstig veräußern könnte, während bei Einhaltung der Kündigungsfristen nur die Liquidierung des Unternehmens übrigbleibt, steht dem Konkursverwalter kein Recht zur außerordentlichen Kündigung zu. Er kann hier allenfalls versuchen, Arbeitsverhältnisse im gegenseitigen Einvernehmen mit sofortiger Wirkung vertraglich aufzulösen.

> Hess/Kropshofer, KO, § 22 Rz. 548.

Auch sonst ist das Konkursverfahren im Rahmen des § 626 BGB ohne Bedeutung. Insbesondere werden Gründe, die außerhalb des Konkurses nicht so gewichtig sind, als daß sie eine außerordentliche Kündigung rechtfertigen würden, durch den Konkurs nicht etwa "aufgewertet". Besteht etwa der Verdacht, daß der Arbeitnehmer krank feiert, so ist dies in der Regel kein Grund für eine fristlose Kündigung.

> s. MünchKomm-Schwerdtner, BGB, § 626 Rz. 93.

Daran ändert sich im Konkurs nicht deshalb etwas, weil das Unternehmen jetzt ganz besonders auf hohe Produktivität angewiesen ist.

Der Konkurs ist für die Möglichkeit einer außerordentlichen Kündigung also ohne jede Bedeutung. Dies gilt auch dann, wenn eine ordentliche Kündigung ausgeschlossen ist. Beruht die Unkündbarkeit auf einer einzelvertraglichen Vereinbarung, so kann das Arbeitsverhältnis nach § 22 KO unter Einhaltung der gesetzlichen Kündigungsfrist gekündigt werden (s. oben A II 1 b), während eine gesetzliche Unkündbarkeit auch im Konkurs Bestand hat und nicht dadurch unterlaufen werden darf, daß man dem Konkursverwalter ein außerordentliches Kündigungsrecht zubilligt.

> Hess/Kropshofer, KO, § 22 Rz. 561.

Entsprechendes gilt nach der unter A II 1 b vertretenen Auffassung bei einer auf Tarifvertrag beruhenden Unkündbarkeit. Sofern das Arbeitsverhältnis trotz der Unkündbarkeit nicht fortgesetzt werden kann (z. B.

bei Betriebsstillegung), ist allerdings ein Kündigungsrecht gegeben, auf dessen Einzelheiten hier nicht weiter eingegangen zu werden braucht (s. dazu oben A II 1 b).

Wird nach alledem die Möglichkeit einer außerordentlichen Kündigung durch den Konkurs nicht berührt, so ist in der Praxis doch zu beobachten, daß vom Konkursverwalter häufig außerordentliche Kündigungen ausgesprochen werden, gegen die sich die Arbeitnehmer nicht wehren. Dadurch erhalten sie sofort Anspruch auf Arbeitslosengeld, während die Konkursmasse von den Lohnkosten bis zum Ablauf der gesetzlichen Kündigungsfrist befreit wird.

> S. etwa den Sachverhalt bei
> BAG ZIP 1980, 784 = AP § 59 KO Nr. 10.

b) **Ausübung des Kündigungsrechts**

Soweit dem Konkursverwalter ein Recht zur außerordentlichen Kündigung zusteht, muß er dieses in denselben **Formen** wie jeder andere Arbeitgeber ausüben. Insbesondere ist er an die Zweiwochenfrist des § 626 Abs. 2 BGB gebunden.

> Hess/Kropshofer, KO, § 22 Rz. 562;
> Willemsen, AR-Blattei, Konkurs I,
> unter D I 2;
> Jaeger/Henckel, KO, § 22 Rz. 38.

Der Konkursverwalter kann auch wegen eines Vorfalls kündigen, der vor der Konkurseröffnung liegt, muß sich dann aber auf die Zweiwochenfrist des § 626 Abs. 2 BGB den bei der Konkurseröffnung bereits verstrichenen Zeitraum anrechnen lassen. Es beginnt für den Konkursverwalter nicht etwa eine neue Frist zu laufen.

> Jaeger/Henckel, KO, § 22 Rz. 38;
> Hess/Kropshofer, KO, § 22 Rz. 562.

Es kann allenfalls erwogen werden, ob man dem Konkursverwalter nicht eine Einarbeitungszeit zubilligt, während derer die Frist des § 626 Abs. 2 BGB nicht läuft.

So OLG Düsseldorf ZIP 1984, 86.

Der Bundesgerichtshof hat diese Frage als Revisionsinstanz bei dem vom OLG Düsseldorf entschiedenen Sachverhalt zwar nicht beantwortet, in Leitsatzform es aber als zweifelhaft bezeichnet, ob eine Einarbeitungszeit mit fristhemmender Wirkung anerkannt werden kann.

BGH ZIP 1984, 1113.

In der Praxis wird der Konkursverwalter demnach auf eine Einarbeitungszeit nicht vertrauen dürfen.

Hat der Gemeinschuldner auf sein Kündigungsrecht noch vor Konkurseröffnung verzichtet, so ist der Konkursverwalter daran gebunden.

> Wichmann, Der Arbeitnehmer, Lehrling
> und Pensionär im Konkurs- und Ver-
> gleichsverfahren des Arbeitgebers, S. 41;
> Jaeger/Henckel, KO, § 22 Rz. 38;
> Hess/Kropshofer, KO, § 22 Rz. 563;
> a. A. Heilmann, Die Rechtslage des Ar-
> beitnehmers bei Insolvenz seines Arbeit-
> gebers, S. 86.

Die Rechte des Betriebsrats werden bei der außerordentlichen ebensowenig wie bei der ordentlichen Kündigung betroffen (zur Notwendigkeit einer Zustimmung des Betriebsrats nach § 103 BetrVG s. unten 3 b aa).

3.   Besondere Arbeitsverhältnisse

a)   Leitende Angestellte

Keine Besonderheiten gelten bei der Kündigung des Arbeitsverhältnisses eines leitenden Angestellten durch den Konkursverwalter. Da das Kündigungsschutzgesetz grundsätzlich auch bei leitenden Angestellten gilt (§ 14 Abs. 2 KSchG), können sie ebenfalls nur unter den Voraussetzungen des § 1 KSchG ordentlich gekündigt werden. Dabei erscheint es freilich denkbar, daß die Stellung des Angestellten so sehr vom Vertrauen des Betriebsinhabers abhängt, daß dem Konkursverwalter die weitere Zusammenarbeit nicht zugemutet werden kann. In einem solchen Fall besteht ein personenbedingter Kündigungsgrund, wobei es unerheblich ist, daß der Gemeinschuldner das Arbeitsverhältnis seinerseits nicht kündigen konnte. Die Rechtslage ist hier keine andere als bei Veräußerung des Betriebs, wo die Auswechselung der Person des Arbeitgebers bei Vertrauensstellungen auch zu einem Kündigungsrecht führen kann.

> S. zutreffend Seiter, Betriebsinhaberwechsel (Arbeitsrechtliche Auswirkungen eines Betriebsübergangs unter besonderer Berücksichtigung des § 613a BGB i. d. F. v. 13. 8. 1980), 1980, S. 117.

Umgekehrt ist es denkbar, daß der Gemeinschuldner wegen Beeinträchtigung des Vertrauensverhältnisses das Arbeitsverhältnis hätte kündigen können, während dem Konkursverwalter ein solches Recht nicht zusteht.

b)   Betriebsratsmitglieder

aa)   Betriebsratsmitglieder sowie die ihnen durch § 15 Abs. 1 - 3 KSchG gleichgestellten Personen können nur bei Stillegung des Betriebs bzw. der Betriebsabteilung, in der die Arbeit zu erbringen ist, **ordentlich gekündigt** werden (§ 15 Abs. 4, 5 KSchG). Daran ändert sich durch die Konkurseröffnung nichts; insbesondere liegt darin nicht etwa schon eine Betriebsstillegung im Sinne der genannten Vorschriften.

> Wichmann, Der Arbeitnehmer, Lehrling und Pensionär im Konkurs- und Vergleichsverfahren des Arbeitgebers, S. 85 ff;
> Kuhn/ Uhlenbruck, KO, § 22 Rz. 17;
> Hueck/v. Hoyningen-Huene, KSchG, § 15 Rz. 150;
> Herschel/Löwisch, KSchG, § 15 Rz. 50;
> Schaub, Arbeitsrechtshandbuch, § 143 V 2;
> ders., ZIP 1993, 974.

Solange der Konkursverwalter den Betrieb weiterführt, kann er das Arbeitsverhältnis nicht ordentlich kündigen. Bei der Wahl zwischen Stillegung und Weiterführung des Betriebs braucht der Konkursverwalter jedoch auf die Arbeitsplätze der Betriebsratsmitglieder keine Rücksicht zu nehmen.

Soweit danach eine ordentliche Kündigung möglich ist, kann sie nur auf den Zeitpunkt der Stillegung erfolgen, es sei denn, daß zwingende betriebliche Gründe eine frühere Kündigung erfordern (§ 15 Abs. 4 KSchG). Erfolgt die Stillegung etappenweise, so müssen die Betriebsratsmitglieder bei der letzten Gruppe entlassener Arbeitnehmer sein.

> BAG AP § 13 KSchG Nr. 17;
> BAG AP § 102 BetrVG 1972 Nr. 11;
> Herschel/Löwisch, KSchG, § 15 Rz. 51;
> Hueck/v. Hoyningen-Huene, KSchG,
> § 15 Rz. 159;
> KR-Etzel, § 15 KSchG Rz. 102;
> Heinze, in: Gottwald, Insolvenzrechts-
> Handbuch, § 96 Rz. 89.

Im Augenblick der Kündigung wird in der Regel zwar ein konkreter Stillegungszeitpunkt ins Auge gefaßt sein, auf den die Kündigung dann erfolgt. Verschiebt sich dieser Zeitpunkt (etwa weil die Verarbeitung der noch vorhandenen Vorräte mehr Zeit als eingeplant erfordert oder weil kurzfristig noch lohnende Aufträge reinkommen), so fragt sich, wie sich das auf die Kündigung auswirkt. Das Bundesarbeitsgericht,

> BAG ZIP 1980, 669
> = AP § 15 KSchG 1969 Nr. 8,

vertritt dazu einen interessengerechten Mittelweg. Einerseits darf das Betriebsratsmitglied seinen Arbeitsplatz nicht vor der Stillegung des Betriebs verlieren, d. h. die Kündigung kann nicht auf den Zeitpunkt wirken, auf den sie ausgesprochen worden ist. Andererseits ist die Kündigung wegen der Verschiebung der Stillegung nicht unwirksam, d. h. sie braucht nicht auf den neuen Stillegungstermin wiederholt zu werden. Das Arbeitsverhältnis erlischt vielmehr aufgrund der Kündigung mit dem nächstzulässigen Termin nach der Betriebsstillegung.

Das Schrifttum stimmt dem zu; s. etwa
Herschel/Löwisch, KSchG, § 15 Rz. 55;
Jaeger/Henckel, KO, § 22 Rz. 31;
Kuhn/Uhlenbruck, KO, § 22 Rz. 17;
Hueck/v. Hoyningen-Huene, KSchG,
§ 15 Rz. 162;
KR-Etzel, § 15 KSchG Rz. 109.

In derselben Entscheidung hat das Bundesarbeitsgericht weiter ausgesprochen, daß die Kündigung gegenstandslos wird, wenn es entgegen
den ursprünglichen Vorstellungen nicht zur Stillegung kommt (im
konkreten Fall wurde der Betrieb veräußert, worin wegen § 613a BGB
keine Stillegung liegt).

KR-Etzel, § 15 KSchG Rz. 86;
Herschel/Löwisch, KSchG, § 15 Rz. 49;
Hueck/v. Hoyningen-Huene, KSchG,
§ 15 Rz. 152 m. w. N.

Das Arbeitsverhältnis soll also trotz der Kündigung fortbestehen. Dem
ist ebenfalls zuzustimmen.

KR-Etzel, § 15 KSchG Rz. 109.

Der Arbeitnehmer braucht sich in diesem Fall auch nicht mit einer
Kündigungsschutzklage gegen die Kündigung zu wehren. § 7 KSchG ist
hier nicht anwendbar. In der für die Erhebung der Kündigungsschutz-
klage einzuhaltenden Dreiwochenfrist wird der Arbeitnehmer in der
Regel gar nicht wissen können, ob es tatsächlich zu der geplanten
Stillegung kommt.

bb)   Bei der **außerordentlichen Kündigung** eines Betriebsratsmit-
glieds ist § 103 BetrVG uneingeschränkt anwendbar, d. h. die Kündigung ist nur dann wirksam, wenn entweder der Betriebsrat zugestimmt
hat oder wenn die Zustimmung vom Arbeitsgericht ersetzt ist. In letzterem Fall muß die Ersetzungsentscheidung rechtskräftig sein,

BAG AP § 103 BetrVG 1972 Nr. 3 und 10,

d. h. der Konkursverwalter trägt ebenso wie jeder Arbeitgeber das Risiko, daß sich das Verfahren über mehrere Instanzen erstreckt.

c)   **Mutterschutz**

Der Kündigungsschutz nach § 9 Mutterschutzgesetz besteht auch im Konkurs, d. h. die Kündigung ist während der Schwangerschaft und bis zum Ablauf von vier Monaten nach der Entbindung unzulässig.

> Einhellige Meinung; s. etwa
> Wichmann, Der Arbeitnehmer, Lehrling
> und Pensionär im Konkurs- und Vergleichs-
> verfahren des Arbeitgebers, S. 89 ff;
> Hess/Kropshofer, KO, § 22 Rz. 571;
> Bulla/ Buchner, Mutterschutzgesetz,
> 5. Aufl., 1981, § 9 Anm. 154;
> Jaeger/Henckel, KO, § 22 Rz. 32;
> Kuhn/Uhlenbruck, KO, § 22 Rz. 15;
> BAG AP § 22 KO Nr. 1.

Allerdings sieht § 9 Abs. 3 MuSchG vor, daß in besonderer Fällen die Kündigung von der obersten Landesbehörde bzw. der von ihr dafür bestimmten Stelle für zulässig erklärt werden kann. Als solchen besonderen Fall hat das OVG Münster,

> OVG Münster KTS 1978, 51;
> s. weiter
> BVerwG AP § 9 MuschG Nr. 5;
> zustimmend
> Kuhn/Uhlenbruck, KO, § 22 Rz. 15;
> Hess/Kropshofer, KO, § 22 Rz. 572 ff;
> Jaeger/Henckel, KO, § 22 Rz. 32,

die im Konkurs erfolgende Betriebstillegung angesehen. Dem dürfte zuzustimmen sein. Anderenfalls käme man nach dem MuSchG zu einem weitergehenden Kündigungsschutz als ihn Betriebsratsmitglieder genießen. Es erscheint aber interessengerecht, der werdenden Mutter ebenso wie dem Betriebsratsmitglied im Extremfall der Betriebsstillegung den Verlust des Arbeitsplatzes zuzumuten. Das Ziel des § 9 MuSchG, der Arbeitnehmerin die Sorge um ihren Arbeitsplatz abzunehmen, ist bei einer Betriebsstillegung ohnehin nicht mehr erreichbar.

Soweit der Konkursverwalter die Zustimmung für die Kündigung erhält, kommt nur eine ordentliche Kündigung unter Einhaltung der Kündigungsfrist in Betracht.

Eine außerordentliche Kündigung scheidet ebenso wie bei anderen Arbeitsverhältnissen aus. Die Kündigungsfrist bemißt sich nach den gesetzlichen Bestimmungen oder nach einer vertraglich vereinbarten kürzeren Frist.

> Wichmann, Der Arbeitnehmer, Lehrling
> und Pensionär im Konkurs- und Vergleichs-
> verfahren des Arbeitgebers, S. 91.

Eine vertraglich vereinbarte längere Frist wird auch hier durch § 22 KO auf die gesetzliche Frist reduziert.

> Hess/Kropshofer, KO, § 22 Rz. 577.

Das Kündigungsverbot nach § 18 BErzGG ist im Konkurs des Arbeitgebers ebenfalls anwendbar.

> KR-Becker, § 18 BErzGG Rz. 12.

Dabei ist die Stillegung des Betriebs bzw. der Betriebsabteilung ausdrücklich als besonderer Fall vorgesehen, in dem die Kündigung durch die oberste Landesbehörde für zulässig erklärt werden kann (§ 2 Abs. 1 Nr. 1, 2 Allg. Verwaltungsvorschriften zum Kündigungsschutz bei Erziehungsurlaub).

d)   Schwerbehindertenschutz

Der besondere Kündigungsschutz für Schwerbehinderte ist ebenfalls konkursfest, d. h. der Konkursverwalter kann erst dann kündigen, wenn er vorher die Zustimmung der Hauptfürsorgestelle eingeholt hat.

> heute ganz h. M.; s. etwa
> Wichmann, Der Arbeitnehmer, Lehrling
> und Pensionär im Konkurs- und Vergleichs-
> verfahren des Arbeitgebers, S. 39 ff;

Heilmann, Die Rechtslage des Arbeitnehmers
bei Insolvenz seines Arbeitgebers, S. 93;
Kuhn/Uhlenbruck, KO, § 22 Rz. 14;
Jaeger/Henckel, KO, § 22 Rz. 33;
Heinze, in: Gottwald, Insolvenzrechts-
Handbuch, § 96 Rz. 39;
Hess/Kropshofer, KO, § 22 Rz. 622;
KR-Etzel, §§ 15 - 20 SchwbG Rz. 5.

Die Monatsfrist des § 18 Abs. 3 SchwerbehindertenG wird durch die
Konkurseröffnung nicht unterbrochen, d. h. bei Zustellung des Zu-
stimmungsbescheids an den nachmaligen Gemeinschuldner läuft die
Frist bei zwischenzeitlicher Konkurseröffnung dem Konkursverwalter
gegenüber weiter.

LAG Düsseldorf ZIP 1982, 737;
KR-Etzel, §§ 15 - 20 SchwbG Rz. 127;
Heinze, in: Gottwald, Insolvenzrechts-
Handbuch, § 96 Rz. 94.

Die Zustimmung ist unter den in § 19 SchwerbehindertenG geregelten
Voraussetzungen zu erteilen, d. h. insbesondere dann, wenn der Betrieb stillgelegt und nach der Kündigung der Lohn noch wenigstens
drei Monate weiterbezahlt wird.

Die gesetzliche Kündigungsfrist, die nach § 22 Abs. 1 KO auch hier
maßgeblich ist, beträgt nach § 16 SchwerbehindertenG "mindestens
vier Wochen", d. h. eine kürzere gesetzliche Kündigungsfrist für das
Arbeitsverhältnis eines Nichtbehinderten wird auf vier Wochen aufge-
stockt; soweit die normale gesetzliche Kündigungsfrist dagegen länger
als vier Wochen ist, bewendet es dabei. Alles dies gilt auch im Konkurs.

Wichmann, Der Arbeitnehmer, Lehrling
und Pensionär im Konkurs- und Vergleichsverfahren des Arbeitgebers, S. 97 ff.

e)   **Ausbildungsverhältnisse**

Besondere Probleme ergeben sich bei der Kündigung eines Ausbildungsverhältnisses im Konkurs des Ausbildenden. Nach Ablauf der Probezeit, während derer das Ausbildungsverhältnis jederzeit fristlos gekündigt werden kann (§ 15 Abs. 1 BBiG), was selbstverständlich auch im Konkurs möglich ist,

> Kuhn/Uhlenbruck, KO, § 22 Rz. 8,

ist eine ordentliche Kündigung durch den Ausbildenden ausgeschlossen; er kann nur noch aus wichtigem Grund (§ 626 BGB) kündigen (§ 15 Abs. 2 Nr. 1 BBiG). Aus diesem Ausschluß einer ordentlichen Kündigung schloß die ganz herrshende Meinung für den Konkursfall lange Zeit, daß es keine gesetzliche Kündigungsfrist i. S. d. § 22 KO gibt, weshalb das Ausbildungsverhältnis vom Konkursverwalter fristlos gekündigt werden könne.

> Heilmann, Die Rechtslage des Arbeitnehmers bei Insolvenz seines Arbeitgebers, S. 85;
> Böhle-Stamschräder/Kilger, KO, 14. Aufl., 1983, § 22 Anm. 7;
> ArbG Bochum ZIP 1985, 1515.
> Durch das BBiG im wesentlichen überholt ist die ausführliche Behandlung der Problematik bei Wichmann, Der Arbeitnehmer, Lehrling und Pensionär im Konkurs- und Vergleichsverfahren des Arbeitgebers, S. 218 ff.

Dabei wurde auch nicht danach differenziert, ob der Betrieb vom Konkursverwalter weitergeführt oder eingestellt wird. Der Konkursverwalter sollte also weder an eine Kündigungsfrist gebunden noch auf das Vorliegen eines Kündigungsgrundes angewiesen sein. Eine nur geringfügige Besserstellung des Auszubildenden bedeutet es, wenn man § 622 BGB entsprechend anwenden will.

So Hegmanns BB 1978, 1365.
Die Notwendigkeit der Einhaltung der
ordentlichen Kündigungsfrist betont
jetzt auch
BAG AP § 22 KO Nr. 9 = ZIP 1993, 1316.

Damit hat der Auszubildende zwar eine "Gnadenfrist", kann sich gegen
die Kündigung jedoch deswegen nicht mit Aussicht auf Erfolg wehren,
weil kein Kündigungsgrund erforderlich ist. Die Einhaltung der ordentlichen Kündigungsfrist ist zwar geboten, stellt für sich allein aber
nur eine Teillösung dar. Darüber hinaus muß verlangt werden, daß
auch ein Kündigungsgrund vorliegt. Anderenfalls würde § 15 Abs. 2
Nr. 1 BBiG im Konkurs des Ausbildenden in sein Gegenteil verkehrt.

Zu einer interessengerechten Lösung kommt man am ehesten dann,
wenn man davon ausgeht, daß der Betrieb trotz des Konkursverfahrens
weitergeführt wird. Daß bei einem normalen Arbeitsverhältnis die Unkündbarkeit nicht anders als eine lange Kündigungsfrist behandelt
werden kann, wurde bereits dargelegt (s. oben A II 1 b) und gilt auch
im Ausbildungsverhältnis. Da die Unkündbarkeit hier auf Gesetz und
nicht auf einer einzelvertraglichen Vereinbarung beruht, muß der
Fortbestand des Ausbildungsverhältnisses nach § 22 Abs. 1 KO konkursfest sein, d. h. der Konkursverwalter kann es weder fristlos noch
unter Einhaltung der Frist des § 622 BGB kündigen. Da in dem Betrieb auch weiterhin Ausbildungsmöglichkeiten bestehen - und nur von
dieser Fallgestaltung ist einstweilen die Rede -, hat der Konkursverwalter das Ausbildungsverhältnis weiterzuführen und kann es nicht
etwa kündigen.

Hess/Kropshofer, KO, § 22 Rz. 813 ff;
Kuhn/Uhlenbruck, KO, § 22 Rz. 8;
Heinze, in: Gottwald, Insolvenzrechts-
Handbuch, § 96 Rz. 31;
Kilger/Karsten Schmidt, KO, § 22 Anm. 3 d.
Offengelassen in
BAG AP § 22 KO Nr. 9 (aaO).

Dem kann auch nicht entgegengehalten werden, die fristlose Kündigungsmöglichkeit rechtfertige sich im Hinblick auf die geringe Renta-
bilität von auszubildenden Arbeitnehmern. Dem ist schon bei der Be-
messung der Ausbildungsvergütung Rechnung getragen. Eine noch-

malige Berücksichtigung dieses Faktors ist im Konkurs ebensowenig gerechtfertigt, wie sich der Ausbildende außerhalb des Konkurses zu dem Zweck darauf berufen kann, ihm lästig gewordene Ausbildungsverhältnisse aufzulösen.

Beendet der Auszubildende seine Ausbildung während des Konkursverfahrens, so ist er unter den in § 78a BetrVG geregelten Voraussetzungen in ein Arbeitsverhältnis auf unbestimmte Zeit zu übernehmen. In diesem Augenblick verliert er freilich den besonderen Schutz des § 15 Abs. 2 Nr. 1 BBiG und kann jetzt nach § 22 KO i. V. m. § 1 KSchG gekündigt werden.

Schwieriger liegen die Dinge dann, wenn der Konkursverwalter den Betrieb stillegen will.

> Bei Veräußerung des Betriebs greift § 613a
> BGB ein, d. h. das Ausbildungsverhältnis
> geht auf den Erwerber über;
> Kuhn-Uhlenbruck, KO, § 22 Rz. 8;
> KR-M. Wolf, § 613a BGB Rz. 10.

Hier gerät die Stillegungsbefugnis mit der fortdauernden Ausbildungsverpflichtung in Konflikt. Dabei kann die Lösung jedoch nicht wieder in einem Recht zur fristlosen Kündigung bestehen. Andererseits wäre es nicht sachgerecht, wollte man dem Konkursverwalter das Recht verweigern, den Betrieb vor Beendigung aller Ausbildungsverhältnisse einzustellen. Die Auszubildenden könnten sonst eine sinnvolle Verwertung der Konkursmasse zu Lasten der Konkursgläubiger blockieren. Ein interessengerechter Ausweg besteht in einer entsprechenden Anwendung von § 15 Abs. 4, 5 KSchG. Auf die Stillegung des Betriebs kann der Konkursverwalter danach das Ausbildungsverhältnis kündigen (Einzelheiten s. oben A II 4 b aa).

> So auch Hess/Kropshofer, KO, § 22 Rz. 818 f; Heinze,
> in: Gottwald, Insolvenzrechts-
> Handbuch, § 96 Rz. 31; Kuhn/Uhlenbruck, KO, § 22
> Rz. 8; Schaub ZIP 1993, 975; Jaeger/Henckel, KO, § 22
> Rz. 36.

Wie auch sonst bei einer stillegungsbedingten Kündigung muß die Stillegung nicht schon erfolgt sein. Es reicht vielmehr aus, daß die Stillegungsentscheidung gefaßt worden ist und die Realisierung der Maßnahme greifbare Formen angenommen hat.

Wird die Abteilung stillgelegt, in der die Ausbildung erfolgt, so muß versucht werden, die Ausbildung in einer anderen Abteilung fortzuführen (§ 15 Abs. 5 Satz 1 KSchG). Nur wenn das nicht möglich ist, kommt eine Kündigung in Betracht.

Zusammenfassend ist für die immer noch nicht hinreichend geklärte Problematik der Kündigung von Ausbildungsverhältnissen im Konkurs des Ausbildenden festzuhalten, daß die Kündigung nur unter Einhaltung der Fristen des § 622 BGB erfolgen kann und **außerdem** ein Kündigungsgrund vorliegen muß, wobei allein die Stillegung des Betriebs bzw. der Betriebsabteilung, in der die Ausbildung erfolgt, als Kündigungsgrund ausreicht.

f)   Befristete Arbeitsverhältnisse

Als letztes besonderes Arbeitsverhältnis bleibt noch das befristete Arbeitsverhältnis zu besprechen. Dabei soll und braucht hier nicht auf die vieldiskutierte Problematik eingegangen zu werden, in welchem Rahmen eine Befristung anzuerkennen ist (insbesondere, wann ein von der herrschenden Meinung verlangter sachlicher Grund für die Befristung vorliegt).

S. dazu zuletzt ausführlich
Schaub, Arbeitsrechtshandbuch, § 39.

Da eine unwirksame Befristung durch die Konkurseröffnung nicht wirksam werden kann, reicht es aus, solche Fallgestaltungen zu behandeln, bei denen die Befristung wirksam ist. Dabei ist vorab zu betonen, daß ein zulässigerweise befristeter Arbeitsvertrag selbstverständlich nicht dadurch zu einem unbefristeten werden kann, daß inzwischen das Konkursverfahren eröffnet worden ist. Umgekehrt kann eine zunächst unzulässige Befristung nicht dadurch nachträglich zugelassen werden, daß das Unternehmen inzwischen wegen des Konkurses darauf angewiesen ist, Arbeitskräfte freizusetzen.

Zum Zeitpunkt der Beurteilung des
sachlichen Grundes für die Befristung s.
KR-Hillebrecht, § 620 Rz. 153 ff.

Mit dieser Klarstellung läßt sich das Schicksal befristeter Arbeitsverträge im Konkurs des Arbeitgebers leicht ermitteln. Auszugehen ist wieder davon, daß die Unkündbarkeit nicht anders als eine lange Kündigungsfrist behandelt werden kann (s. oben A II 1 b), d. h. maßgeblich ist die gesetzliche Kündigungsfrist (§ 22 Abs. 1 KO). Durch einen langfristigen Ausschluß des Kündigungsrechts können die Parteien des Arbeitsvertrags diesen im Konkurs nicht bestandskräftiger machen, als wäre einzelvertraglich eine längere Kündigungsfrist als die gesetzliche vereinbart worden.

Zutreffend
Kuhn/Uhlenbruck, KO, § 22 Rz. 10;
Jaeger/Henckel, KO, § 22 Rz. 25;
Hess/Kropshofer, KO, § 22 Rz. 368;
Heinze, in: Gottwald, Insolvenzrechts-
Handbuch, § 96 Rz. 11;
LAG Frankfurt BB 1986, 596.

Im Ergebnis spielt es dabei keine Rolle, ob die ordentliche Kündigung bis zum Ablauf der Befristung ausgeschlossen oder die Befristung nur als letzter Beendigungstermin vorgesehen sein sollte, ohne daß sich dadurch an den sonstigen Kündigungsmöglichkeiten etwas ändert.

S. zur Möglichkeit einer Vereinbarung
der Befristung als bloßer Höchstdauer
des Arbeitsverhältnisses
KR-Hillebrecht, § 620 BGB Rz. 44;
Staudinger/Neumann, BGB, § 620 Rz. 37.

In dem wohl nur theoretischen Fall, daß eine Befristung mit einer kürzeren als der gesetzlichen Kündigungsfrist gekoppelt worden ist, ist nach § 22 Abs. 1 KO erstere für den Konkursverwalter maßgeblich.

Unerheblich ist es für die Kündbarkeit von befristeten Arbeitsverhältnissen im Konkurs des Arbeitgebers, ob die Wirksamkeit der Befristung aus dem Vorliegen eines sachlichen Grundes folgt oder sich aus

§ 1 BeschFG ergibt. Auch in letztgenanntem Fall kann das Arbeitsverhältnis vom Konkursverwalter unter Einhaltung der gesetzlichen Kündigungsfrist gekündigt werden.

4. Kündigung durch den Arbeitnehmer

Für die Kündigung des Arbeitsverhältnisses durch den Arbeitnehmer
gilt nichts Besonderes; § 22 Abs. 1 KO ist auch hier anwendbar, d. h.
der Arbeitnehmer kann das Arbeitsverhältnis unter Einhaltung der gesetzlichen oder einer kürzeren vertraglich vereinbarten Kündigungsfrist kündigen. Ein auszubildender Arbeitnehmer ist auch im Konkurs
des Arbeitgebers an die Beschränkungen des § 15 Abs. 2 Nr. 2 BBiG
gebunden.

> Hess/Kropshofer, KO, § 22 Rz. 855.

Für den Fall, daß der Arbeitnehmer das Arbeitsverhältnis noch nicht
angetreten hat, ist § 22 KO vom Wortlaut her zwar nicht anwendbar,
doch befürwortet die herrschende Meinung zutreffenderweise eine
entsprechende Anwendung der Vorschrift.

> Jaeger/Henckel, KO, § 22 Rz. 12;
> Willemsen, AR-Blattei, Konkurs I,
> unter D II;
> Heinze, in: Gottwald, Insolvenzrechts-
> Handbuch, § 96 Rz. 180.
> Im Ergebnis ebenso, wenn auch mit an-
> derer Begründung (entsprechende Anwen-
> dung von § 20 KO), Marotzke, Gegensei-
> tige Verträge in Konkurs und Vergleich,
> 1985, S. 247.

Ein Recht zur außerordentlichen Kündigung steht dem Arbeitnehmer
ebensowenig wie dem Konkursverwalter zu.

> Schaub, Arbeitsrechtshandbuch,
> § 125 VII 19;
> ders., ZIP 1993, 973;
> Staudinger/Neumann, BGB, § 626 Rz. 105;

Heinze, in: Gottwald, Insolvenzrechts-
Handbuch, § 96 Rz. 181;
Hess/Kropshofer, KO, § 22 Rz. 856.

Anderenfalls bestände die Gefahr, daß eine wirtschaftlich sinnvolle
Fortführung des Betriebs wegen Arbeitskräftemangels nicht möglich
wäre. Steht freilich zu befürchten, daß die Konkursmasse nicht einmal
zur Befriedigung der Lohnansprüche ausreicht, die Arbeitnehmer also
mit Lohnausfall rechnen müssen, so ist dies ein wichtiger Grund i. S. v.
§ 626 BGB.

Schaub, Arbeitsrechtshandbuch,
§ 125 VII 19;
Hess/Kropshofer, KO, § 22 Rz. 857;
Heinze, in: Gottwald, Insolvenzrechts-
Handbuch, § 96 Rz. 181;
KR-Weigand, § 22 KO Rz. 30.

Die Arbeitnehmer müssen zur Fortführung des Betriebs keine ihnen
zustehenden Rechte opfern. Dagegen ergibt sich für den Arbeitnehmer ein Recht zur außerordentlichen Kündigung nicht daraus, daß der
Arbeitgeber den Konkurs verschuldet hat.

So aber offenbar
Kuhn/Uhlenbruck, KO, § 61 Rz. 41 c.
A. A. zutreffend Hess/Kropshofer, KO,
§ 22 Rz. 858;
Heinze, in: Gottwald, Insolvenzrechts-
Handbuch, § 96 Rz. 181.

Der Arbeitgeber schuldet dem Arbeitnehmer kraft des Arbeitsvertrags
nicht etwa den Fortbestand des Betriebs.

Soweit dem Arbeitnehmer nach § 628 Abs. 2 BGB ein Schadensersatzanspruch zusteht, ist dieser lediglich einfache Konkursforderung.

BAG AP § 59 KO Nr. 11 = ZIP 1980, 1067
(Kündigung wegen Unvermögens zur Zahlung
des Arbeitsentgelts);
Hess/Kropshofer, KO, § 22 Rz. 861;

Heinze, in: Gottwald, Insolvenzrechts-
Handbuch, § 98 Rz. 13;
s. weiter unten III 1 b.

Weiter wird man erwägen können, einem Arbeitnehmer dann einen
Anspruch auf sofortiges Ausscheiden zuzubilligen, wenn ohnehin Arbeitskräfte freigesetzt werden müssen, der Konkursverwalter kein besonderes Interesse an der Weiterbeschäftigung gerade dieses Arbeitnehmers hat und andere Arbeitnehmer, die sonst für eine betriebsbedingte ordentliche Kündigung in Betracht kommen, bereit sind, im Betrieb zu bleiben. Hier wird man dem Arbeitnehmer aus dem Fürsorge-
gedanken einen Anspruch auf sofortiges einverständliches Ausscheiden oder ein außerordentliches Kündigungsrecht zugestehen müssen.
In der Regel wird der Konkursverwalter in derartigen Fällen freilich zu
einem Aufhebungsvertrag bereit sein, womit sich die Frage nach einem
außerordentlichen Kündigungsrecht nicht mehr stellt.

5.   Folgen der Kündigung

Die Rechtsfolgen einer wirksamen Kündigung im Konkurs entspre-
chen denen einer sonstigen Kündigung. Im folgenden ist nur auf zwei
Punkte, bei denen sich spezielle konkursbezogene Fragen ergeben,
kurz einzugehen.

a)   Nachvertragliches Wettbewerbsverbot

Enthält der Arbeitsvertrag ein nachvertragliches Wettbewerbsverbot,
so entfällt dieses selbstverständlich nicht. Da insoweit auch keine gesetzliche Sonderregelung besteht und es sich bei der Wettbewerbsab-
rede nach inzwischen einhelliger Meinung um einen gegenseitigen
Vertrag handelt,

s. Schaub, Arbeitsrechtshandbuch,
§ 58 II 5 m. w. N.;
ausführlich dazu
Grunsky, in: Festschrift Söllner,
1990, S. 41 ff,

ist grundsätzlich § 17 KO anwendbar.

Jaeger/Henckel, KO, § 17 Rz. 215 ff;
Kuhn/Uhlenbruck, KO, § 22 Rz. 6;
Hess/Kropshofer, KO, § 22 Rz. 845.
Bedenken gegen die Anwendbarkeit von
§ 17 KO deutet Heinze, in: Gottwald,
InsolvenzrechtsHandbuch, § 98 Rz. 141 an.

Dabei ist jedoch zu beachten, daß das Wettbewerbsverbot bereits nach § 75 HGB entfallen kann, womit es für den Konkursverwalter dann nichts mehr zu wählen gibt.

Selbstverständliche Voraussetzung für einen Fortbestand des Wettbewerbsverbots ist die Fortführung des Betriebs durch den Konkursverwalter oder durch einen neuen Betriebsinhaber. Ist der Betrieb stillgelegt worden, so ist ein Wettbewerb nicht mehr möglich. Der Arbeitnehmer ist damit nach § 275 Abs. 1 BGB von seiner Verpflichtung freigeworden und kann sich ohne Einschränkungen um die Geschäftspartner seines früheren Arbeitgebers bemühen. Der Anspruch auf die Karenzentschädigung bleibt nach § 324 Abs. 1 BGB grundsätzlich bestehen.

Wichmann, Der Arbeitnehmer, Lehrling
und Pensionär im Konkurs- und Vergleichsverfahren des Arbeitgebers, S. 45;
Hess/Kropshofer, KO, § 22 Rz. 847;
Grunsky, in: Festschrift Söllner, S. 53 ff.

Bei Fortführung des Betriebs wird die Kündigung des Arbeitsverhältnisses in der Regel vom Konkursverwalter erfolgen. In diesem Fall kann sich der Arbeitnehmer vom Wettbewerbsverbot dadurch befreien, daß er vor Ablauf eines Monats nach der Kündigung schriftlich erklärt, er erachte sich an die Vereinbarung nicht gebunden (§ 75 Abs. 2 i. V. m. Abs. 1 HGB). Dies gilt auch im Konkurs des Arbeitgebers.

Jaeger/Henckel, KO, § 17 Rz. 229;
Kuhn/Uhlenbruck, KO, § 22 Rz. 26;
Hess/Kropshofer, KO, § 22 Rz. 848;
Heinze, in: Gottwald, Insolvenzrechts-
Handbuch, § 98 Rz. 138.

Erklärt sich der Konkursverwalter daraufhin nicht bereit, dem Arbeitnehmer den vollen zuletzt bezahlten Lohn weiterzugewähren (§ 75 Abs. 2 Satz 1 HGB), was wohl als rein theoretische Möglichkeit abgetan werden kann, so ist das Wettbewerbsverbot damit entfallen. Eine Wahlmöglichkeit nach § 17 KO besteht nicht mehr. Gibt der Arbeitnehmer nicht die Erklärung ab, er halte sich an das Wettbewerbsverbot nicht für gebunden oder kündigt er seinerseits das Arbeitsverhältnis, so hat der Konkursverwalter die Wahlmöglichkeit nach § 17 KO.

> Jaeger/Henckel, KO, § 17 Rz. 229, 230.

Entscheidet er sich (was die Regel sein dürfte) für Ablehnung der Erfüllung, so entfällt damit für den Arbeitnehmer das Wettbewerbsverbot. Anstelle des Anspruchs auf Karenzentschädigung tritt ein Schadensersatzanspruch nach § 26 KO, der auch hier eine einfache Konkursforderung darstellt (§ 26 Satz 2 KO).

> Jaeger/Henckel, KO, § 17 Rz. 223 ff;
> Kuhn/Uhlenbruck, KO, § 22 Rz. 26;
> Hess/Kropshofer, KO, § 22 Rz. 850.

Wählt der Konkursverwalter die Erfüllung, so macht dies den Anspruch auf Karenzentschädigung zur Masseschuld nach § 59 Abs. 1 Nr. 2 KO. Der Arbeitnehmer bleibt an das Wettbewerbsverbot gebunden. Reicht die Masse allerdings voraussichtlich zur Erfüllung des Anspruchs auf Karenzentschädigung nicht aus, so kann der Arbeitnehmer die Vereinbarung außerordentlich kündigen.

> Jaeger/Henckel, KO, § 17 Rz. 222;
> Hess/Kropshofer, KO, § 22 Rz. 851;
> Kuhn/Uhlenbruck, KO, § 22 Rz. 26.
> Andere verweisen den Arbeitnehmer auf
> das sich aus § 326 BGB ergebende Rücktrittsrecht
> Würdinger, in: GroßKomm. HGB, 3. Aufl.,
> § 74 Anm. 13;
> Schlegelberger/Schröder, HGB, 4. Aufl.,
> § 75 e Anm. 1;
> die praktischen Unterschiede sind gering.

Anderenfalls wäre er gezwungen, eine ungesicherte Vorleistung zu erbringen, wozu auch im Konkurs des Schuldners kein Gläubiger verpflichtet ist.

b) **Zeugnisanspruch**

Mit Beendigung des Arbeitsverhältnisses hat der Arbeitnehmer trotz
des Konkurses Anspruch auf ein Zeugnis über seine Leistungen (§ 630
BGB). Da der Konkursverwalter über die vor Konkurseröffnung er-
brachten Leistungen nichts sagen kann, richtet sich der Anspruch zutreffender Ansicht zufolge in der Regel weiter gegen den Gemeinschuldner,

> Staudinger/Neumann, BGB, § 630 Rz. 5;
> MünchKomm-Schwerdtner, BGB, § 630 Rz. 20;
> Jaeger/Henckel, KO, § 22 Rz. 43;
> Kuhn/Uhlenbruck, KO, § 22 Rz. 27;
> Heilmann, Die Rechtslage des Arbeitnehmers
> bei Insolvenz seines Arbeitgebers, S. 100;
> Heinze, in: Gottwald, Insolvenzrechts-
> Handbuch, § 95 Rz. 65;
> Hegmanns, BAG EWiR 1991, 553,

und kann gegen diesen auch eingeklagt werden.

> S. zutreffend
> BAGE 19, 146 = AP § 275 ZPO Nr. 2,
> wonach ein auf Zeugniserteilung gerich-
> teter Rechtsstreit durch Eröffnung des
> Konkursverfahrens nicht nach § 240 ZPO
> unterbrochen wird.

Hat der Arbeitnehmer nach Konkurseröffnung allerdings noch längere
Zeit unter dem Konkursverwalter gearbeitet, so hat dieser und nicht
mehr der Gemeinschuldner das Zeugnis auszustellen.

> Staudinger/Neumann, BGB, § 630 Rz. 5;
> Kuhn/Uhlenbruck, KO, § 22 Rz. 27;

s. weiter
Jaeger/Henckel, KO, § 23 Rz. 43,
wonach in diesem Fall "auch" der Konkursverwalter ein Zeugnis ausstellen muß. Zumindest für die Zeit nach der Konkurseröffnung richtet sich der Zeugnisanspruch jedoch allein gegen den Konkursverwalter und
nicht auch gegen den Gemeinschuldner.

Die hier vertretene Auffassung wird vom Bundesarbeitsgericht allerdings nicht geteilt. Danach soll der Konkursverwalter immer dann zur
Zeugniserteilung für den gesamten Zeitraum des Arbeitsverhältnisses
verpflichtet sein, wenn er das Arbeitsverhältnis weitergeführt hat, und
zwar unabhängig davon, wie lange das Arbeitsverhältnis nach der Konkurseröffnung fortbestand; soweit er bei einem nur kurzen Fortbestand
die Leistungen des Arbeitnehmers persönlich nicht beurteilen könne,
habe er beim Gemeinschuldner entsprechende Auskünfte einzuholen,
zu deren Erteilung dieser nach § 100 KO verpflichtet sei; eine Pflicht
des Konkursverwalters zur Erteilung eines Zeugnisses bestehe nur
dann nicht, wenn der Arbeitnehmer schon vor Konkurseröffnung ausgeschieden war; hier sei ausschließlich der Gemeinschuldner zur
Zeugniserteilung verpflichtet, und zwar unabhängig von dem inzwischen eröffneten Konkursverfahren.

BAGE 67, 112 = ZIP 1991, 744
= NJW 1991, 1971 = AP § 630 BGB Nr. 28;
vgl. dazu EWiR 1991, 553 (Hegmanns).
Zustimmend für den Fall des Konkurses
einer Handelsgesellschaft
Karsten Schmidt, DB 1991, 1930, der die
Zeugnispflicht dort sogar dann dem Konkursverwalter auferlegt, wenn das Arbeitsverhältnis die Konkurseröffnung nicht
überdauert hat.

Das erscheint weder praktikabel noch rechtlich geboten. Natürlich ist
es richtig, wenn das Bundesarbeitsgericht argumentiert, in großen Unternehmen könne der Arbeitgeber aus eigener Kenntnis den Arbeitnehmer auch nicht beurteilen und müsse sich auf die Beurteilung
durch dessen Vorgesetzten verlassen. Da es rechtlich nicht angeht, daß
der Vorgesetzte seinerseits das Zeugnis erteilt (er ist nicht Partei des

Arbeitsvertrags), bleibt hier nur der erwähnte Weg. Im Konkurs des Gemeinschuldners fehlt es dagegen an einer entsprechenden Notwendigkeit, weshalb es sich anbietet, denjenigen für verpflichtet zu halten, der am ehesten in der Lage ist, den Arbeitnehmer zu beurteilen, und das ist zumindest dann der Gemeinschuldner, wenn der Konkursverwalter das Arbeitsverhältnis nach Konkurseröffnung sofort gekündigt oder dieses sonst ein schnelles Ende gefunden hat (Kündigung durch Arbeitnehmer, Auflösungsvertrag). Die Interessenlage ist vergleichbar mit dem Fall der Betriebsnachfolge, § 613a BGB, wo der Veräußerer trotz Übergangs des Arbeitsverhältnisses auf den Erwerber zur Erteilung eines Zeugnisses verpflichtet bleibt.

MünchKomm-Schaub, BGB, § 613a Rz. 57 a.

Nicht entschieden ist vom BAG, ob neben dem Konkursverwalter nicht außerdem der Gemeinschuldner zur Zeugniserteilung verpflichtet ist. Man wird dies in dem Sinne bejahen müssen, daß es dem Arbeitnehmer freisteht, an wen er sich halten will. Dafür, daß ausschließlich der Konkursverwalter verpflichtet sein sollte, ist nichts ersichtlich.

III. Ansprüche des Arbeitnehmers

Die Sonderstellung der Arbeitnehmer im Konkurs des Arbeitgebers besteht nicht so sehr darin, daß das Arbeitsverhältnis zunächst fortgesetzt wird, als vielmehr darin, daß die daraus resultierenden Ansprüche gegenüber denen anderer Gläubiger weitgehend bevorrechtigt sind und teilweise sogar neue Ansprüche entstehen (sei es gegen den Gemeinschuldner, wie bei einem konkursbedingten Sozialplan, s. dazu unten 3, sei es gegen einen Dritten, wie beim Konkursausfallgeld, s. dazu unten 1 a). Dieses System der Sicherung der Arbeitnehmer ist inzwischen so kompliziert geworden, daß man sich schwer tut, den Überblick zu behalten. Im folgenden soll der Übersichtlichkeit wegen zwischen der Sicherung von Ansprüchen, die bei Konkurseröffnung bereits entstanden waren, und solchen Ansprüchen unterschieden werden, die erst nach der Konkurseröffnung entstanden sind. Dabei wird nicht verkannt, daß viele Probleme in beiden Fallgruppen gleich liegen. Ausgeklammert wird die Insolvensicherung bei Ansprüchen auf betriebliches Ruhegeld (§§ 7 ff BetrAVG). Hier ergeben sich so zahlreiche Probleme, daß ihre Erörterung den Rahmen der Darstellung sprengen würde.

Die im folgenden darzustellenden Bevorrechtigungen von Arbeitnehmeransprüchen betreffen Ansprüche aus dem Arbeitsverhältnis, d. h. Ansprüche, die sich gegen den Arbeitgeber richten. Schwierigkeiten ergeben sich insoweit im Konkurs einer Personengesellschaft. Hier fragt sich, ob die Bevorrechtigung auch im Konkurs des nach § 128 HGB persönlich haftenden Gesellschafters gilt. Dabei sind folgende Lösungen denkbar:

- Keine Erstreckung des Vorrechts gegenüber dem Gesellschafter, da in dessen Person das das Vorrecht begründende Merkmal der Arbeitgeberstellung fehlt;

  so Kuhn/Uhlenbruck, KO, § 212 Rz. 6;
  Hess/Kropshofer, KO, § 212 Rz. 13;

- Erstreckung des Vorrechts gegenüber dem Gesellschafter, da nur so die von § 128 HGB angestrebte Sicherung des Gläubigers möglich ist,

  BGHZ 34, 293;
  BAG ZIP 1982, 209 = NJW 1982, 2399,

  wobei jedoch der Zeitpunkt der Konkurseröffnung, nach dem sich die Einstufung der Forderung richtet (s. unten 1 vor a), für jeden der beiden Konkurse gesondert maßgeblich ist,

  BSG ZIP 1984, 724;
  BFH ZIP 1989, 869;
  LAG München ZIP 1990, 1219;
  vgl. dazu EWiR 1990, 1229 (Stürner/Riering);
  offengelassen in
  BAG ZIP 1982, 209,

  was für den Arbeitnehmer in der Regel mit der Gefahr verbunden ist, daß eine im Gesellschaftskonkurs bevorrechtigte Forderung im Konkurs des Gesellschafters aus der Bevor-

rechtigung herausfällt (wenn nämlich der Gesellschafterkonkurs später als der Gesellschaftskonkurs eröffnet worden ist);

- absoluter Gleichlauf beider Forderungen, d. h. Bevorrechtigung auch im Gesellschafterkonkurs, wobei maßgeblich der
Zeitpunkt der Eröffnung des Gesellschaftskonkurses ist.

Stürner/Riering, LAG München EWiR 1990, 1229.

1. Bei Konkurseröffnung schon entstandene Ansprüche

Soweit bei Konkurseröffnung für den Arbeitnehmer bereits Ansprüche
entstanden waren, die noch nicht erfüllt sind, sind nach der Entste-
hungszeit vier Fallgestaltungen zu unterscheiden, wobei sich die
Rechtsstellung des Arbeitnehmers um so günstiger darstellt, je näher
die Anspruchsentstehung bei der Konkurseröffnung liegt.

Ansprüche, die innerhalb der letzten drei Monate vor Konkurseröf-
fung entstanden sind, sind durch den Anspruch auf Konkursausfallgeld
gegen die Bundesanstalt für Arbeit gesichert (§§ 141a ff AFG). Rückstände für die letzten sechs Monate sind nach § 59 Abs. 1 Nr. 3 a KO
Masseschulden und für weitere sechs Monate nach § 61 Abs. 1 Nr. 1 a
KO bevorrechtigte Konkursforderungen. Rückstände für eine noch
frühere Zeit als ein Jahr vor Konkurseröffnung sind einfache Konkursforderungen.

Heinze, in: Gottwald, Insolvenzrechts-
Handbuch, § 98 Rz. 12.

a) Konkursausfallgeld

Das Konkursausfallgeld wird für Ansprüche auf Arbeitsentgelt "für die
letzten der Eröffnung des Konkursverfahrens vorausgehenden drei
Monate" gewährt (§ 141b Abs. 1 Satz 1 AFG). Maßgeblich ist dabei
nicht, wann der Anspruch fällig wird, sondern allein, auf welchen Zeitraum er sich bezieht.

Hess/Kropshofer, KO, Anh. I,
§ 141b AFG Rz. 181;

Heinze, in: Gottwald, Insolvenzrechts-
Handbuch, § 101 Rz. 38.

Wird der Konkurs während einer Lohn- oder Gehaltsperiode eröffnet,
so ist diese in die Zeit vor und die nach Eröffnung des Verfahrens aufzuteilen.

Schaub, ZIP 1993, 976.

Wird also das Gehalt zum Monatsletzten geschuldet und am 20. Oktober das Konkursverfahren eröffnet, so hat der Arbeitnehmer auf jeden
Fall für die Zeit vom 1. - 19. Oktober Anspruch auf Konkursausfallgeld
(von eventuellen weiteren Rückständen kann hier abgesehen werden).
Daß der Anspruch zu dieser Zeit noch gar nicht fällig war, ist unerheblich.

Für die Zeit nach Eröffnung des Konkursverfahrens ist dagegen kein
Konkursausfallgeld geschuldet. Hier wird die Sicherung des Arbeitnehmers dadurch erreicht, daß seine Ansprüche von jetzt an Masseschulden sind (§ 59 Abs. 1 Nr. 2 KO).

> Erst recht haben solche Arbeitnehmer
> keinen Anspruch auf Konkursausfallgeld,
> die erst nach Konkurseröffnung vom Kon-
> kursverwalter eingestellt worden sind,
> mag die Konkursmasse auch zur Befriedi-
> gung der Vergütungsansprüche nicht aus-
> reichen, BSG ZIP 1989, 1270
> = AP § 141b AFG Nr. 12.

Von daher erscheint es fraglich, ob dem Bundessozialgericht zugestimmt werden kann, wenn es meint, bei unverschuldeter Unkenntnis
des Arbeitnehmers von der Konkurseröffnung (Urlaub) sei bis zum
Zeitpunkt der Kenntnisnahme Konkursausfallgeld geschuldet.

BSG ZIP 1985, 364.

Eine entsprechende Regelung enthält zwar § 141b Abs. 4 AFG für den
Fall der Abweisung des Konkursantrags, doch spricht gegen eine entsprechende Anwendung dieser Vorschrift die Erwägung, daß der Ar-

beitnehmer bei Abweisung des Antrags keinerlei sonstige Sicherheit für die Erfüllung seiner Ansprüche hat, während bei Konkurseröffnung § 59 Abs. 1 Nr. 2 KO eingreift.

Der Anspruch auf Konkursausfallgeld steht allen Arbeitnehmern des Gemeinschuldners zu. Unerheblich ist vor allem, ob das Arbeitsverhältnis gekündigt werden kann. Auch leitende Angestellte haben den Anspruch.

> Kuhn/Uhlenbruck, KO, § 59 Rz. 15 b;
> Hess/Kropshofer, KO, Anh. I,
> § 141a AFG Rz. 29.

Ebenso Auszubildende.

Fraglich ist, was bei Arbeitsverhältnissen zu gelten hat, die vor Eröffnung des Konkursverfahrens bereits beendet waren, aus denen jedoch noch Rückstände offen sind. Daraus, daß § 141b Abs. 1 AFG den Anspruch für die letzten der Eröffnung des Verfahrens vorausgehenden drei Monate des Arbeitsverhältnisses gewährt und in Abs. 2 festlegt, daß alle Ansprüche erfaßt werden, die nach § 59 Abs. 1 Nr. 3 a KO Masseansprüche sein können, wird gefolgert, daß es nicht darauf ankommt, daß es sich um Rückstände aus den letzten drei Monaten vor Konkurseröffnung handelt; maßgeblich sei allein, daß die Rückstände aus den letzten drei Monaten vor Beendigung des Arbeitsverhältnisses stammen.

> BSG ZIP 1985, 109;
> Kuhn/Uhlenbruck, KO, § 59 Rz. 15 e;
> Hess/Kropshofer, KO, Anh. I,
> § 146 AFG Rz. 57;
> Heinze, in: Gottwald, Insolvenzrechts-
> Handbuch, § 101 Rz. 39.

Ist also das Konkursverfahren am 1. August eröffnet worden, so kann ein auf den 31. Januar ausgeschiedener Arbeitnehmer, dem noch sein Gehalt für November bis Januar zusteht, in voller Höhe der Rückstände Konkursausfallgeld beanspruchen, während den weiter beim Gemeinschuldner beschäftigten Arbeitnehmern der Anspruch für den genannten Zeitraum nicht zusteht.

Der Anspruch auf Konkursausfallgeld entsteht mit der Eröffnung des Konkursverfahrens, d. h. mit der Unterzeichnung des Eröffnungsbeschlusses durch den Richter.

> BGHZ 50, 242, 245;
> BSG AP § 141b AFG Nr. 2.

Wie bei anderen Fragen, bei denen die Konkursordnung auf die Eröffnung des Verfahrens abstellt, ist auch hier nicht erforderlich, daß der Eröffnungsbeschluß rechtskräftig ist.

> Kuhn/Uhlenbruck, KO, § 108 Rz. 1;
> Kilger/Karsten Schmidt, KO, § 108 Anm. 1.

Eine Ausnahme gilt jedoch beim Anschlußkonkursverfahren. Nach § 80 Abs. 3 VglO wird die Entscheidung über die Eröffnung des Konkursverfahrens hier erst mit Rechtskraft wirksam. Daraus hat das Bundessozialgericht,

> BSG ZIP 1980, 781 = AP § 141b AFG Nr. 4;
> Hess/Kropshofer, KO, Anh. I,
> § 141b AFG Rz. 80 a,

gefolgert, daß Konkursausfallgeld auch für die Zeit zwischen Erlaß des Eröffnungsbeschlusses und dem Eintritt seiner Rechtskraft geschuldet wird. Auch hierbei handelt es sich um einen "der Eröffnung des Konkursverfahrens vorausgehenden" Zeitraum i. S. d. § 141b Abs. 1 AFG.

Durch das Konkursausfallgeld werden "**Ansprüche auf Arbeitsentgelt**" abgedeckt (§ 141b Abs. 1 AFG). Inhaltlich stimmt das mit den Ansprüchen auf "Bezüge" (§§ 59 Abs. 1 Nr. 3 a, 61 Abs. 1 Nr. 1 a KO) überein,

> Heinze, in: Gottwald, Insolvenzrechts-
> Handbuch, § 101 Rz. 39,

so daß insoweit auf die dazu gemachten Ausführungen verwiesen werden kann (s. unten b); speziell zu Ansprüchen, die für einen längeren Zeitraum einmalig gewährt werden (Gratifikationen usw.), s. unten c.

Hervorzuheben ist, daß nur der Nettolohn geschuldet wird (§ 141d Abs. 1 AFG),

> die vereinzelt gebliebene gegen-
> teilige Auffassung des
> ArbG Wetzlar, BB 1977, 347, ist
> mit dem Gesetz nicht vereinbar,

was schon deshalb allein interessengerecht ist, weil auf das Konkursausfallgeld keine Steuern zu entrichten sind (§ 3 Nr. 2 EStG). Der Arbeitnehmer kann auch nicht etwa vom Arbeitgeber bzw. vom Konkursverwalter Zahlung des Teils des Bruttoentgelts verlangen, der als Lohnsteuer abzuführen gewesen wäre.

> BAG ZIP 1985, 1405
> = AP § 611 BGB Lohnanspruch Nr. 15.

Sozialversicherungsbeiträge werden von der Bundesanstalt für Arbeit unmittelbar an die zuständigen Stellen gezahlt (§ 141 n Abs. 1 AFG).

Streitig ist, ob sich das Konkursausfallgeld auch auf **Nebenforderungen** bezieht. Die Rechtsprechung verneint dies,

> BSG ZIP 1985, 626
> (Verzugszinsen, Rechtsver
> folgungskosten);
> BSG ZIP 1993, 689
> (Kosten des Konkursantrags
> verfahrens),

wohingegen im Schrifttum deshalb weitgehend eine Einbeziehung der Nebenforderungen in das Konkursausfallgeld befürwortet wird, weil der Arbeitnehmer so gestellt werden müsse, als habe der Arbeitgeber seine Vergütungspflicht rechtzeitig und vollständig erfüllt.

> Hess/Kropshofer, KO, Anh. I,
> § 141b AFG Rz. 167 ff;
> Heinze, in: Gottwald, Insolvenzrechts-
> Handbuch, § 101 Rz. 43;
> Kuhn/Uhlenbruck, KO, § 59 Rz. 15 f;
> Uhlenbruck, DB 1986, 645.

Das Auszahlungsverfahren kann hier nicht dargestellt werden (s. dazu §§ 141a ff AFG und besonders zu der weitgehenden Mitwirkungspflicht des Konkursverwalters, die es diesem erheblich erschweren kann, seinen sonstigen Aufgaben nachzukommen, §§ 141h, 141i AFG). Die den Arbeitnehmern gegen den Arbeitgeber zustehenden rückständigen Ansprüche gehen mit Stellung des Antrags auf die Bundesanstalt über (§ 141m Abs. 1 AFG). Nach § 59 Abs. 2 KO werden sie jedoch keine Masseschuld, sondern sind nur nach § 61 Abs. 1 Nr. 1 KO bevorrechtigte Konkursforderungen. Rückstände auf Arbeitsentgelt bis zu sechs Monaten sind also vorrangig zu erfüllen. Voraussetzung für eine Berücksichtigung ist dabei, daß die übergegangenen Forderungen zur Konkurstabelle angemeldet worden sind, §§ 138 ff KO.

b)   Bevorrechtigung als Masseschuld oder vorrangige Konkursforderung

Über die §§ 141a ff AFG hinaus sind die Arbeitnehmer dadurch gesichert, daß Lohn- und Gehaltsrückstände **Masseschulden** (§ 59 Abs. 1 Nr. 3 a KO) bzw. **im ersten Rang zu befriedigende Konkursforderungen** (§ 61 Abs. 1 Nr. 1 KO) sind. Obwohl in der Art der Geltendmachung erhebliche Unterschiede bestehen,

> Masseforderungen können (auch klageweise) gegen den Konkursverwalter geltend gemacht werden, während auch bevorrechtigte Konkursforderungen zur Konkurstabelle anzumelden sind,

können beide Gruppen hier gemeinsam besprochen werden. Im Einzelfall mag die Abgrenzung zwar schwierig sein, doch kann der Arbeitnehmer das Risiko einer falschen Wahl dadurch weitgehend ausschalten, daß er seine Forderung im Zweifelsfall zur Konkurstabelle anmeldet. Damit erhält er sich die Möglichkeit einer Befriedigung als Konkursgläubiger, ohne daß sein Anspruch dadurch den eventuell bestehenden Charakter als Masseforderung verliert.

BAG AP § 59 KO Nr. 2 (zu 2 der Gründe);
Schaub ZIP 1993, 978.

Daß die Forderung zur Konkurstabelle angemeldet und als Konkursforderung festgestellt worden ist, steht ihrer späteren Geltendmachung
als Masseforderung nicht entgegen; insbesondere greift insoweit nicht
die Rechtskraftwirkung nach § 145 Abs. 2 KO ein.

> BAGE 62, 88 = ZIP 1989, 1205
>   = AP § 113 BetrVG Nr. 19;
> Hess/Kropshofer, KO, § 145 Rz. 5;
> Kilger/Karsten Schmidt, KO,
>   § 145 Anm. 4.

aa)   Ebenso wie bei dem Anspruch auf Konkursausfallgeld ist
nicht maßgeblich, wann der Anspruch fällig wird, sondern wann er entstanden ist, d. h. auf welchen Zeitraum er sich als Gegenleistung für
die erbrachte Arbeitsleistung bezieht.

> BAG AP § 59 KO Nr. 4;
> LAG Baden-Württemberg AP § 59 KO Nr. 8;
> Kuhn/Uhlenbruck, KO, § 61 Rz. 47 a;
> Heinze, in: Gottwald, Insolvenzrechts-
> Handbuch, § 98 Rz. 26;
> Hess/Kropshofer, KO, § 59 Rz. 154
> (s. weiter unten c).

Nicht erforderlich ist, daß das Arbeitsverhältnis bei Konkurseröffnung
noch besteht.

> Wichmann, Der Arbeitnehmer, Lehrling
> und Pensionär im Konkurs- und Vergleichs-
> verfahren des Arbeitgebers, S. 165.

bb)   Die Bevorrechtigung der Arbeitnehmeransprüche bezieht
sich auf das gesamte Arbeitsentgelt (einschließlich des Urlaubsentgelts
nach § 11 BUrlG) unabhängig von dessen Art (auch Naturalleistungen) und Berechnungsweise. Provisionen, Überstundenvergütungen
und Akkordzuschläge fallen ebenso darunter wie Zuschläge bei besonders lästigen Arbeiten (schmutzige oder gefährliche Arbeiten, Nacht-
arbeit). Gleiches gilt für Auslagen des Arbeitnehmers im Zusammenhang mit dem Arbeitsverhältnis (Kilometergeld, Reisekosten einschließlich Spesen für Verpflegung und Unterkunft).

S. BAG NJW 1968, 268
(Reisespesen);
LAG Frankfurt NJW 1953, 1280
(Kilometergeld).
Weitere Einzelheiten s. bei
Heilmann, Die Rechtslage des Arbeit-
nehmers bei Insolvenz seines Arbeit-
gebers, S. 16 f;
Willemsen, AR-Blattei, Konkurs I,
unter E II 3 a;
Kuhn/Uhlenbruck, KO, § 61 Rz. 42;
Heinze, in: Gottwald, Insolvenzrechts-
Handbuch, § 98 Rz. 115.

Keine Bezüge aus dem Arbeitsverhältnis und damit nur einfache Konkursforderungen sind Darlehensansprüche des Arbeitnehmers, und
zwar auch dann, wenn es sich um einen umgewandelten Gehaltsan-
spruch handelt.

BAG KTS 1967, 229;
Kuhn/Uhlenbruck, KO, § 61 Rz. 45;
Heilmann, Die Rechtslage des Arbeit-
nehmers bei Insolvenz seines Arbeit-
gebers, S. 64;
Heinze, in: Gottwald, Insolvenzrechts-
Handbuch, § 98 Rz. 114;
Hess/Kropshofer, KO, § 59 Rz. 159;
Kilger/Karsten Schmidt, KO,
§ 61 Anm. 4 f.

Gleiches gilt für Schadensersatzansprüche des Arbeitnehmers auf Er-
satz von Sach- und Vermögensschäden.

Kuhn/Uhlenbruck, KO, § 61 Rz. 41;
Hess/Kropshofer, KO, § 59 Rz. 159.

cc)   Hat der Arbeitnehmer das Arbeitsverhältnis außerordentlich
gekündigt und steht ihm nach § 628 Abs. 2 BGB oder aus positiver
Vertragsverletzung Schadensersatz zu, so ist dieser insoweit bevorrechtigt, als er für den betreffenden Zeitraum (d. h. das letzte Jahr vor
Konkurseröffnung) an die Stelle des Lohnanspruchs tritt.

Sehr str.; wie hier
Gagel ZIP 1981, 122, 127;
MünchKomm-Schwerdtner, BGB,
§ 628 Rz. 30 f;
KR-Weigand, § 628 BGB Rz. 56;
Kuhn/Uhlenbruck, KO, § 61 Rz. 41 a.

Der Schadensersatzanspruch kann vernünftigerweise nicht anders behandelt werden als der Lohnanspruch. Anderenfalls würde man dem Arbeitnehmer bei Ausbleiben seiner Vergütung faktisch sein Kündigungsrecht nehmen und ihn darauf verweisen, das Arbeitsverhältnis wegen der nur so zu erreichenden Bevorrechtigung fortzuführen.

A. A. (der Anspruch ist nur einfache Konkursforderung)
BAGE 34, 101 = ZIP 1980, 1067
= AP § 59 KO Nr. 11;
Jaeger/Henckel, KO, § 22 Rz. 42;
Staudinger/Neumann, BGB, § 628 Rz. 45.

c)   **Ansprüche auf einmalige Leistungen**

Besondere Schwierigkeiten bereiten Ansprüche des Arbeitnehmers auf Arbeitsentgelt, die sich auf einen längeren Zeitraum beziehen, jedoch innerhalb des privilegierten Zeitraums fällig werden. Typische Beispiele sind Gratifikationen oder Gewinnbeteiligungen. Kein Zweifel kann in diesem Zusammenhang daran bestehen, daß derartige Ansprüche, soweit sie den Arbeitnehmern als einklagbares Recht zustehen und nicht nur unverbindliche Erwartungen darstellen, unter den Schutz der §§ 59, 61 KO fallen.

Hess/Kropshofer, KO, § 59 Rz. 161;
Heinze, in: Gottwald, Insolvenzrechts-Handbuch, § 98 Rz. 30.

Die Probleme rühren allein daher, daß die Ansprüche nach dem den §§ 59, 61 KO zugrundeliegenden System einem bestimmten Zeitraum zugeordnet werden müssen.

aa)   (1) Für einen Anspruch auf **Beteiligung am Jahresgewinn** hat das Bundesarbeitsgericht zutreffend entschieden, daß maßgeblich nicht ist, wann der Anspruch fällig geworden ist. Entscheidend ist vielmehr, ob das Jahr, auf das er sich bezieht, vor Beginn des privilegierten Zeitraums geendet hat. Ist dies der Fall, so handelt es sich um eine einfache Konkursforderung.

BAGE 33, 113 = ZIP 1980, 666
= AP § 59 KO Nr. 9;

BAG ZIP 1986, 657 = AP § 61 KO Nr. 19
(Bauleiterprämie für noch nicht
abgerechneten Bau).

In einer weiteren Entscheidung vom gleichen Tag (21. Mai 1980) hat das Bundesarbeitsgericht daraus die Konsequenzen in einem Fall gezogen, in dem der Vergütungszeitraum sich über verschiedene konkursrechtlich relevante Zeiträume erstreckte.

BAG ZIP 1980, 784
= AP § 59 KO Nr. 10.

In letzterem Fall ging es um eine tariflich vereinbarte sog. "Sonderzahlung", die einmal jährlich zu zahlen war. Das Bundesarbeitsgericht hat das Schicksal dieses Anspruchs von seinem Ausgangspunkt aus folgerichtig nach den verschiedenen Zeiträumen aufgespalten. Die Bedeutung der Entscheidung läßt sich am besten anhand eines fiktiven Beispiels klarmachen.

Hat ein leitender Angestellter eine Umsatzbeteiligung, die jeweils jährlich berechnet wird, und wird am 1. Februar des nächsten Jahres das Konkursverfahren eröffnet (zur Konkurseröffnung an einem anderen Tag als dem Monatsersten s. sogleich), so stellt sich die Rechtslage bei einem Jahresanspruch von DM 12 000 wie folgt dar: Für die Monate November und Dezember steht dem Arbeitnehmer auch für die Umsatzbeteiligung Konkursausfallgeld zu (DM 2 000). Dabei ist es unerheblich, daß der Anspruch derzeit vielleicht noch gar nicht exakt ermittelt werden kann. Falls etwa erst die Erstellung einer Bilanz abgewartet werden muß, kann der Anspruch derzeit zwar noch nicht beziffert werden, doch ändert das nichts an seiner Existenz. Gleiches gilt für den "Januaranspruch" unmittelbar vor der Konkurseröffnung.

Das BAG hat in der genannten Entscheidung
die Möglichkeit eines Anspruchs auf Konkursausfallgeld zwar nicht ausdrücklich erwähnt,
doch kann kein Zweifel daran bestehen, daß
die in dem Urteil erarbeiteten Grundsätze
auch im Rahmen des § 141b Abs. 1 AFG gelten;
s. Hess/Kropshofer, KO, Anh. I, § 141b AFG
Rz. 186 ff.

Die sich auf die Monate August bis Oktober beziehenden DM 3 000 sind nach § 59 Abs. 1 Nr. 3 a KO Masseschulden und in Höhe von DM 6 000 (Februar bis Juli) hat der Arbeitnehmer eine nach § 61 Abs. 1 Nr. 1 a KO bevorrechtigte Konkursforderung. Die für Januar geschuldeten DM 1 000 sind dagegen nur einfache Konkursforderung.

Entsprechendes hat für ein **13. bzw. 14. Monatsgehalt** zu gelten. Dabei handelt es sich ebenfalls um Arbeitsentgelt, das im Konkurs des Arbeitgebers bevorrechtigt ist. Insoweit ist allerdings bei der Berechnung von Konkursausfallgeld (Entsprechendes hat im Rahmen der §§ 59, 61 KO zu gelten) problematisch geworden, ob nicht dann etwas anderes zu gelten hat, wenn der Anspruch auf das weitere Monatsgehalt tarifvertraglich in dem Sinne von einem Stichtag abhängig gemacht worden ist, daß der Anspruch dann in voller Höhe entfällt, wenn der Arbeitnehmer an dem Auszahlungstag nicht mehr in dem Betrieb beschäftigt ist, während er in voller Höhe besteht, wenn das Arbeitsverhältnis über den Auszahlungstag hinaus fortbesteht. Teilweise wird hieraus die Konsequenz gezogen, daß durch das Abstellen auf den Stichtag die Zwölftelung tarifvertraglich gerade nicht gewollt und durch die Stichtagsregelung ersetzt ist; maßgeblich sei deshalb, ob der vereinbarte Auszahlungstag in den geschützten Zeitraum fällt; bejahendenfalls sei das gesamte 13. Monatsgehalt geschützt.

LSG NRW ZIP 1987, 926
(bestätigt durch BSG ZIP 1988, 1585);
a. A. im Sinne einer Zwölftelung auch
bei Stichtagsregelung
LSG NRW ZIP 1987, 929.

Die besseren Gründe sprechen auch in derartigen Fallgestaltungen für eine nur anteilige Bevorrechtigung des 13. Monatsgehalts. Die Stichtagsregelung ändert nichts daran, daß pro Monat anteilmäßig ein Zwölftel des Betrags verdient ist. Wenn der Anspruch in voller Höhe entfällt, sofern der Arbeitnehmer vor dem Stichtag ausgeschieden ist, bedeutet dies nur, daß er das Verdiente gewissermaßen "verwirkt" hat und nicht etwa, daß er in dem Stichtagsmonat "doppelt verdient". Es bleibt abzuwarten, wie das Problem innerhalb der Arbeitsgerichtsbarkeit entschieden wird, wo - soweit ersichtlich - bisher keine einschlägigen Urteile vorliegen.

(2) Wird das Konkursverfahren nicht gerade am Monatsersten eröffnet, so fragt es sich, ob für die Berechnung der maßgeblichen Zeiträume genau auf den Tag der Eröffnung des Verfahrens abzustellen ist oder ob nach vollen Kalendermonaten zu quoteln ist (sog. Zwölftelung). Letzteres würde den Arbeitnehmer günstiger stellen. Wird der Konkurs z. B. am 11. Februar eröffnet, so wäre die Februarquote unabhängig davon, daß bereits zehn Februartage verstrichen sind, einheitlich der Zeit nach Konkurseröffnung zuzuschlagen, d. h. es würde sich um eine Masseschuld nach § 59 Abs. 1 Nr. 2 KO handeln. Nach § 59 Abs. 1 Nr. 3 a bzw. § 61 Abs. 1 Nr. 1 KO privilegiert wären dann noch die gesamten Monatsquoten August bzw. Februar des Vorjahres, d. h. der Arbeitnehmer hätte zehn Tage Bevorrechtigung gewonnen.

Die Frage ist bisher höchstrichterlich noch nicht entschieden, doch hat das Bundesarbeitsgericht angedeutet, daß es sich für das Zwölftelungssystem entscheiden würde.

BAG ZIP 1980, 784, 787
= AP § 59 KO Nr. 10.
Im konkreten Fall konnte das BAG die
Frage deshalb nicht entscheiden, weil
insoweit kein Rechtsmittel eingelegt war;
für die Zwölftelung auch
Schaub, ZIP 1993, 979;
Hess/Kropshofer, KO, § 59 Rz. 167.

Dem ist zuzustimmen. Soweit der Arbeitnehmer nach dem Arbeitsvertrag eine jährlich einmalig zu erbringende Leistung nur für solche Monate anteilig verlangen kann, die er voll in den Diensten des Arbeitgebers stand, muß sich dies auch im Konkurs auswirken. Dabei ist erneut maßgeblich, daß sich der Inhalt des Arbeitsvertrags durch die Konkurseröffnung nicht verändert (s. oben A I).

Selbstverständlich gilt die Aufspaltung nach vollen Monatsbeträgen nur für jährlich einmal zu erbringende Leistungen und nicht auch für monatlich oder wöchentlich fällig werdende Ansprüche, wie vor allem Lohn- und Gehaltsansprüche. Hier erfolgt die Aufspaltung exakt nach Tagen.

> S. etwa zutreffend
> LAG BaWü AP § 59 KO Nr. 8
> für die Leistungspflicht des Pensions-
> sicherungsvereins;
> Hess/Kropshofer, KO, § 59 Rz. 168.

Nimmt man es genau, so wird die Aufspaltung sogar nach der Stunde der Konkurseröffnung erfolgen müssen, was in der Praxis wegen der verhältnismäßig geringfügigen auf dem Spiel stehenden Beträge allerdings nur selten praktiziert wird.

> Zutreffend BSG AP § 59 KO Nr. 7:
> Konkursausfallgeld wird für die letzten
> drei Monate vor Eröffnung des Konkurs-
> verfahrens sowie für die Stunden des In-
> solvenztags vor Konkurseröffnung ge-
> schuldet; diese Stunden werden auf die
> drei Monate nicht angerechnet.

bb)   Die vorstehenden Ausführungen über jährlich einmalige Leistungen gelten grundsätzlich auch für **Weihnachtsgratifikationen** und **Ansprüche auf Urlaubsgeld** (zum Urlaubsabgeltungsanspruch nach § 7 Abs. 4 BUrlG s. unten cc).

Nach inzwischen wohl einhelligem Verständnis handelt es sich bei derartigen Gratifikationen um echte Gegenleistungen des Arbeitgebers und damit um einen Teil der Bezüge aus dem Arbeitsverhältnis. Im Konkurs des Arbeitgebers bleibt der Anspruch grundsätzlich bestehen.

BAG AP § 611 BGB Gratifikation Nr. 51;
Schaub, Arbeitsrechtshandbuch, § 78 IV 5;
Hess/Kropshofer, KO, § 59 Rz. 171.

Die zeitliche Zuordnung erfolgt nach den unter aa) dargestellten Kriterien.

Heinze, in: Gottwald, Insolvenzrechts-
Handbuch, § 98 Rz. 33;
Hess/Kropshofer, KO, § 59 Rz. 170.

Eine Ausnahme muß man allerdings bei **Kleinstgratifikationen** machen. So hat das Bundesarbeitsgericht 1967 zutreffend entschieden, daß eine Gratifikation von nicht mehr als DM 100 nicht zeitlich umzulegen, sondern ausschließlich auf den Zahlungsmonat zu beziehen ist; sie diene lediglich zur Ausgestaltung des Weihnachtsfestes.

BAG AP § 59 KO Nr. 3 = NJW 1967, 1926.

Diese Differenzierung nach der Höhe des Anspruchs kann freilich deshalb zu Rechtsunsicherheit führen, weil keine exakte Grenze ersichtlich ist, von der ab die Gratifikation auf die verschiedenen Monate umzulegen ist. Der vom Bundesarbeitsgericht 1967 für richtig gehaltene Betrag von DM 100 ist inzwischen in zwei späteren Entscheidungen auf DM 200 angehoben worden.

BAG AP § 611 BGB Gratifikation Nr. 110
= NJW 1983, 67;
BAG DB 1982, 1881.

Da sich diese Entscheidungen schon auf das Jahr 1978 beziehen, erscheint es denkbar, daß in absehbarer Zeit eine weitere Anhebung erfolgt. Einstweilen ist es unsicher, wo die Grenze der Kleinstgratifikation verläuft.

Im Zweifel sollte der Arbeitnehmer davon ausgehen, daß es sich ganz oder teilweise um eine bevorrechtigte Konkursforderung (§ 61 Abs. 1 Nr. 1 KO) handelt und diese zur Konkurstabelle anmelden (s. oben b).

Bei Urlaubsgeld (d. h. einer zusätzlich zur laufenden Vergütung während des Urlaubs gewährten Leistung des Arbeitgebers) muß differenziert werden. Soweit das sog. Urlaubsgeld einmal jährlich unabhängig davon auszuzahlen ist, ob und wann der Arbeitnehmer Urlaub nimmt, handelt es sich um eine Gratifikation, die nach den dargestellten Grundsätzen auf das ganze Jahr zu verteilen ist.

> Kuhn/Uhlenbruck, KO, § 59 Rz. 15 m.

Soweit das Urlaubsgeld dagegen an den tatsächlich gewährten Urlaub anknüpft, ist es Entgelt für die Urlaubszeit. Verläuft während dieser Zeit eine der zeitlichen "Bevorrechtigungsgrenzen", so ist das Urlaubsgeld entsprechend aufzuteilen.

> Heinze, in: Gottwald, Insolvenzrechts-
> Handbuch, § 98 Rz. 40.

Wird der Urlaub erst nach Konkurseröffnung genommen,

> dies kann auch dadurch geschehen, daß
> der Konkursverwalter den Urlaub bei Frei-
> stellung des Arbeitnehmers auf die Frei-
> stellungszeit verrechnet,
> BAG ZIP 1987, 798 = AP § 11 BUrlG Nr. 19,

handelt es sich beim Anspruch auf Urlaubsgeld also um eine Masseforderung. Wird der Konkurs während des Urlaubs eröffnet, so liegt teilweise eine Masseschuld vor, während der Arbeitnehmer im übrigen Anspruch auf Konkursausfallgeld hat.

cc)   Von dem dargestellten System einer Aufteilung des Anspruchs auf mehrere Zeiträume macht die Rechtsprechung eine Ausnahme beim **Urlaubsabgeltungsanspruch** nach § 7 Abs. 4 BUrlG, d. h. in dem Fall, daß der Urlaub wegen Beendigung des Arbeitsverhältnisses nicht mehr gewährt werden kann und deshalb in Geld abgegolten werden muß. Da der Urlaubsanspruch an das Kalenderjahr geknüpft ist (§§ 1, 3 BUrlG), liegt es eigentlich nahe, auch insoweit jedem Monat ein Zwölftel des Anspruchs zuzuordnen,

> s. Hess/Kropshofer, KO, § 59 Rz. 175,

und daraus bei der konkursrechtlichen Einstufung des Urlaubsabgel-
tungsanspruchs die Konsequenzen zu ziehen. Diesen Weg hat die
Rechtsprechung jedoch nicht beschritten. Sie ordnet den Anspruch
vielmehr den letzten Tagen vor der rechtlichen Beendigung des Arbeitsverhältnisses zu, was den Arbeitnehmer erheblich begünstigt.

So insbesondere
BAG ZIP 1980, 784 = AP § 59 KO Nr. 10;
BSG AP § 141b AFG Nr. 3.
Im Schrifttum ebenso
KR-Weigand, § 22 KO Rz. 41;
Heilmann, Die Rechtslage des Arbeit-
nehmers bei Insolvenz seines Arbeit-
gebers, S. 65.

Scheidet ein Arbeitnehmer etwa am 28. Februar aus und hat er für das
Vorjahr noch Urlaubsanspruch, so ist dieser Anspruch im Falle einer
Konkurseröffnung am 10. März in voller Höhe Masseschuld nach § 59
Abs. 1 Nr. 3 a KO; außerdem steht dem Arbeitnehmer für den gesamten Anspruch Konkursausfallgeld zu. Daß der Anspruch größen-
teils zu einer Zeit verdient worden ist, für die Lohn- und Gehaltsrückstände schlechter oder gar nicht gesichert sind, wird als unerheblich
angesehen.

Zu einer noch weitergehenden Bevorrechtigung des Urlaubsabgel-
tungsanspruchs kommt man dann, wenn man mit einer in der Literatur
vertretenen Auffassung darauf abstellt, daß der Anspruch erst mit
Beendigung des Arbeitsverhältnisses entsteht, weshalb der Beendi-
gungstag maßgeblich sei und keine Zuordnung zu dem unmittelbar da-
vor liegenden Zeitraum erfolgen könne.

So Kuhn/Uhlenbruck, KO, § 61 Rz. 47 h;
Heinze, in: Gottwald, Insolvenzrechts-
Handbuch, § 98 Rz. 45 f;
Stahlhacke/Bachmann/Bleistein/Berscheid,
GK-BUrlG, § 7 Rz. 187 ff;
Schaub, ZIP 1993, 979.

Dafür läßt sich vor allem anführen, daß der Zweck des Urlaubsabgel-
tungsanspruchs darin besteht, es dem Arbeitnehmer zu ermöglichen,
vor Antritt einer neuen Stelle bezahlten Urlaub machen zu können.

Bedenken gegen die bisherige Rechtsprechung auch bei
BAG ZIP 1987, 1266 = AP § 59 KO Nr. 21,
wo die Frage letztlich jedoch offengelassen werden konnte.

d) **Abfindungsanspruch nach §§ 9, 10 KSchG**

aa) Hatte ein **vor Konkurseröffnung gekündigter Arbeitnehmer**
Kündigungsschutzklage erhoben und war das Arbeitsverhältnis daraufhin vom Gericht gegen Zahlung einer Abfindung aufgehoben worden (§§ 9, 10 KSchG), so handelt es sich bei dem Abfindungsanspruch
nach herrschender Meinung um eine **einfache Konkursforderung.**

BAG ZIP 1985, 490 = AP § 61 KO Nr. 14;
Hess/Kropshofer, KO, § 59 Rz. 183;
Kuhn/Uhlenbruck, KO, § 61 Rz. 38;
Hueck/v. Hoyningen-Huene, KSchG,
§ 10 Rz. 25;
Schaub, ZIP 1993, 979;
KR-Becker, § 10 KSchG Rz. 21;
Kilger/Karsten Schmidt, KO, § 61
Anm. 4 vor a.

Dies deshalb, weil der Anspruch keinen Lohn, sondern einen Ausgleich für den Verlust der Stellung darstelle. Ob dem angesichts der
Entwicklung bei der Bevorrechtigung von Sozialplananpsrüchen zugestimmt werden kann, erscheint fraglich. Der Abfindungsanspruch nach
§§ 9, 10 KSchG dient ebenso wie Sozialplananpsrüche als Ausgleich
für den Verlust des Arbeitsplatzes. Angesichts dieser Übereinstimmung der Funktion beider Ansprüche erscheint es geboten, dem Abfindungsanspruch denselben Rang wie Sozialplananpsrüchen zuzubilligen, d. h. ihn zumindest teilweise der Rangklasse des § 61 Abs. 1 Nr. 1
KO zuzuordnen.

Ebenso de lege ferenda
Heinze, in: Gottwald, Insolvenzrechts-
Handbuch, § 98 Rz. 48;
MünchKomm-Schwerdtner, BGB, § 620 Rz. 597.

In diesem Sinne ist vor dem Beschluß des Bundesverfassungsgerichtes, durch den die Bevorrechtigung von Sozialplananprüchen im Range vor § 61 Abs. 1 Nr. 1 KO für verfassungswidrig erklärt wurde,

BVerfGE 65, 18,

verschiedentlich die Auffassung vertreten worden, der Abfindungsanspruch nach §§ 9, 10 KSchG sei ebenfalls in der Rangstufe 0 zu befriedigen.

LAG Düsseldorf, Urt. v. 6. 8. 1980
- 6 Sa 733/80-, red. Hinweis in
ZIP 1981, 1135;
MünchKomm-Schwerdtner, BGB, 1. Aufl.,
1980, vor § 620 Rz. 334;
Grunsky, ZIP 1982, 107.

Mit dem Beschluß des Bundesverfassungsgerichts ist dieser Auffassung zwar zunächst der Boden unter den Füßen entzogen worden, doch haben sich die Dinge mit Inkrafttreten des Sozialplangesetzes erneut geändert. Nachdem Sozialplananprüche jetzt gesetzlich weitgehend bevorrechtigt sind, wird man für Abfindungsansprüche nach §§ 9, 10 KSchG Entsprechendes anzunehmen haben. Konkret bedeutet dies, daß die Abfindung bis zur Höhe von zweieinhalb Monatsverdiensten im Range des § 61 Abs. 1 Nr. 1 KO zu befriedigen ist (§§ 3, 4 SozplG). Der darüber hinausgehende Teil ist dagegen nur einfache Konkursforderung im Rang des § 61 Abs. 1 Nr. 6 KO. Voraussetzung für die Bevorrechtigung ist weiter, daß die Kündigung innerhalb von drei Monaten vor Stellung des Konkursantrags ausgesprochen worden ist (§ 3 SozlpG). Bei einer älteren Kündigung ist die Abfindungsforderung nicht bevorrechtigt.

Nicht durchführbar ist die verschiedentlich vertretene Auffassung, die Abfindung sei insofern nach § 59 Abs. 1 Nr. 3 bzw. § 61 Abs. 1 Nr. 1 KO bevorrechtigt, als sie rückständigen Lohn mitenthält.

So Schlüter, DB 1978, 299 ff;
KR-Weigand, § 22 KO Rz. 38.

Eine derartige Aufteilung scheitert daran, daß es kein Kriterium dafür gibt, wie die Abfindung gewissermaßen in ihre Einzelteile zu zerlegen ist.

Unabhängig davon, wie man die Abfindungsforderung konkursrechtlich einordnet, bleibt festzuhalten, daß das Ergebnis nicht davon abhängt, ob das Urteil in dem Kündigungsschutzverfahren noch vor Konkurseröffnung dem späteren Gemeinschuldner oder erst danach dem Konkursverwalter gegenüber ergeht. Selbst wenn die Kündigungsschutzklage erst gegen den Konkursverwalter erhoben worden ist, ändert dies an der konkursrechtlichen Einordnung nichts. Maßgeblich ist nicht, wann das Urteil ergeht bzw. rechtskräftig wird, sondern allein, daß die Kündigung, auf der die Abfindung beruht, noch vom Gemeinschuldner vor Konkurseröffnung ausgesprochen worden ist.

bb)   War die **Kündigung nach Konkurseröffnung** vom Konkursverwalter ausgesprochen worden, so handelt es sich nach herrschender Meinung bei der Abfindung nach §§ 9, 10 KSchG um eine **Masseforderung** nach § 59 Abs. 1 Nr. 1 KO.

> Heinze, in: Gottwald, Insolvenzrechts-
> Handbuch, § 98 Rz. 49;
> Hess/Kropshofer, KO, § 59 Rz. 184;
> Kuhn/Uhlenbruck, KO, § 61 Rz. 38;
> KR-Becker, § 10 KSchG Rz. 21.

> A. A. Schaub, ZIP 1993, 979
> (Masseforderung nach § 59 Abs. 1 Nr. 3 KO;
> eine Begründung fehlt und ist auch nicht
> ersichtlich; möglicherweise handelt es sich
> um ein bloßes Versehen);
> Hueck/v. Hoyningen-Huene, KSchG, § 10 Rz. 25
> (einfache Konkursforderung);
> s. weiter unten 2 c.

e)   **Vertraglich zugesagte Abfindungen**

Ähnlich stellt sich die Problematik bei vertraglich zugesagten Abfindungen dar. Hier hat allerdings das Bundesarbeitsgericht durch Urteil vom 25. Feburar 1981 eine Bevorrechtigung entsprechend den für den

Sozialplan seinerzeit angenommenen Grundsätzen abgelehnt, d. h. es hat das Vorliegen einer einfachen Konkursforderung nach § 61 Abs. 1 Nr. 6 KO angenommen.

> BAGE 35, 98 = ZIP 1981, 1021
> = AP § 61 KO Nr. 11;
> s. jetzt auch
> LAG Köln ZIP 1994, 551.

Demgegenüber hatte sich das LAG Niedersachsen,

> ZIP 1981, 1129,

zutreffend für eine Bevorrechtigung des Abfindungsanspruchs entsprechend den für Sozialplanansprüchen geltenden Grundsätzen ausgesprochen.

> Näheres dazu s.
> Grunsky, ZIP 1981, 1177.

Dabei ist erneut ausschlaggebend, daß der vertragliche Abfindungsanspruch dieselbe Funktion wie ein Sozialplananspruch hat: Es geht um eine Entschädigung für den Verlust des Arbeitsplatzes. Infolgedessen ist § 3 SplG erneut entsprechend anwendbar.

Für die Einordnung der Abfindungsansprüche wird man auch nicht darauf abstellen dürfen, ob die Zusage schon im Arbeitsvertrag enthalten ist oder erst später (vor allem im Rahmen eines Prozeßvergleichs) erteilt wird. Eine vom Gemeinschuldner im Rahmen eines Kündigungsschutzprozesses vergleichsweise zugesagte Abfindung ist in Höhe von zweieinhalb Monatsgehältern ebenfalls nach § 61 Abs. 1 Nr. 1 KO bevorrechtigt.

> A. A. BAG ZIP 1985, 490
> = AP § 61 KO Nr. 14: Einfache Konkurs-
> forderung nach § 61 Abs. 1 Nr. 6 KO.
> Dabei ist allerdings zu berücksichtigen,
> daß das Urteil zu einem Zeitpunkt erging,
> in dem Sozialplanansprüche ebenfalls nur

einfache Konkursforderungen waren. Für die
Einordnung als einfache Konkursforderung
weiter Kuhn/Uhlenbruck, KO, § 22 Rz. 16 b.

Soweit der Vergleich dagegen vom Konkursverwalter abgeschlossen
worden ist, handelt es sich in voller Höhe um eine Masseforderung
nach § 59 Abs. 1 Nr. 1 KO, ohne daß es darauf ankommt, ob die Kündigung noch vom Gemeinschuldner oder erst vom Konkursverwalter
ausgesprochen worden ist. Da der Prozeßvergleich nach fast einhelliger Ansicht auch ein privatrechtlicher Vertrag ist, hat ihn der Konkursverwalter nicht anders als sonstige von ihm abgeschlossene Verträge zu erfüllen.

Kuhn/Uhlenbruck, KO, § 59 Rz. 5 d.

Insoweit liegen die Dinge anders als beim Abfindungsanspruch nach
§§ 9, 10 KSchG.

f)   Karenzentschädigung für Wettbewerbsverbote

Rückstände bei Karenzentschädigung wegen eines Wettbewerbsverbots sind ebenfalls bevorrechtigt und zwar im selben Sinne wie Lohn-
und Gehaltsrückstände (§ 59 Abs. 1 Nr. 3 b KO für Rückstände bis zu
sechs Monaten, § 61 Abs. 1 Nr. 2 b KO für Rückstände von sechs bis
zwölf Monaten). Allerdings steht dem Arbeitnehmer wegen der Karenzentschädigung deswegen kein Anspruch auf Konkursausfallgeld
zu, weil § 141b AFG insoweit im Gegensatz zu den §§ 59, 61 KO keine
entsprechende Regelung enthält.

Keine besonderen Probleme ergeben sich dann, wenn das Wettbewerbsverbot bei Konkurseröffnung bereits abgelaufen war. Hier hat
der Konkursverwalter kein Wahlrecht nach § 17 KO mehr. Noch of-
fene Rückstände werden je nach dem Zeitraum, auf den sie sich beziehen, als Masseforderung, bevorrechtigte Konkursforderung oder einfache Konkursforderung berücksichtigt. Läuft das Wettbewerbsverbot
dagegen bei Konkurseröffnung noch, so kann der Konkursverwalter
nach § 17 KO zwischen Erfüllung und Erfüllungsablehnung wählen (s.
oben A II 5 a).

Heinze, in: Gottwald, Insolvenzrechts-
Handbuch, § 98 Rz. 134;
Kuhn/Uhlenbruck, KO, § 59 Rz. 15 n;
Kilger/Karsten Schmidt, KO, § 22 Anm. 13.

Entschließt er sich für die Erfüllung, so werden damit grundsätzlich
auch Rückstände aus dem Vertragsverhältnis nach § 59 Abs. 1 Nr. 2
KO zu Masseschulden,

RGZ 148, 326, 330,

was bedeuten würde, daß es auf die zeitliche Begrenzung der Privile-
gierung aus § 59 Abs. 1 Nr. 3 b KO nicht mehr ankäme; auch noch so
alte Rückstände wären Masseschulden.

So in der Tat
Wichmann, Der Arbeitnehmer, Lehrling
und Pensionär im Konkurs- und Vergleichsverfahren des Arbeitgebers, S. 147 f.

Das Ergebnis kann deshalb nicht richtig sein, weil die Karenzentschädigung damit besser gestellt wäre als Lohn- und Gehaltsansprüche, wo-
für keinerlei Anlaß besteht. Der Zweck der §§ 59 Abs. 1 Nr. 3 b, 61
Abs. 1 Nr. 1 b KO besteht allein in einer Gleichstellung der Ansprüche. Die beim Wettbewerbsverbot hinzukommende Anwendbarkeit
von § 17 KO kann daran nichts ändern. § 59 Abs. 1 Nr. 2 KO hat insoweit zurückzutreten.

So auch die h. M.;
Heinze, in: Gottwald, Insolvenzrechts-
Handbuch, § 98 Rz. 134;
Jaeger/Henckel, KO, § 17 Rz. 219;
Kuhn/Uhlenbruck, KO, § 59 Rz. 15 n;
Schlegelberger/Schröder, HGB, § 75 e
Anm. 1.

g) Gesamtvollstreckung

Die unter a - f dargestellte Rechtslage gilt zumindest im Ergebnis im wesentlichen auch in den neuen Bundesländern. Da das AFG dort vollinhaltlich gilt, bestehen hinsichtlich der Sicherung der Arbeitnehmer durch **Konkursausfallgeld** keinerlei Besonderheiten.

Für die **Bevorrechtigung von rückständigen Arbeitnehmerforderungen** sind die §§ 13 Abs. 1 Nr. 3 a, 17 Abs. 3 Nr. 1 a GesO einschlägig. Rückstände bis zu sechs Monaten sind vorab aus der Masse zu befriedigen, § 13 Abs. 1 Nr. 3 a GesO. Ein Unterschied gegenüber § 59 Abs. 1 Nr. 3 KO besteht freilich insoweit, als Entschädigungen aus einem Wettbewerbsverbot in § 13 GesO nicht erwähnt sind. Daraus wird man folgern müssen, daß insoweit keine Masseschuld vorliegt. Da auch keine Bevorrechtigung nach § 17 Abs. 3 GesO vorgesehen ist, sind Rückstände bei der Karenzentschädigung nur im Range des § 17 Abs. 3 Nr. 4 GesO zu befriedigen, d. h. es handelt sich um einfache Konkursforderungen. Dieses Ergebnis, das wenig befriedigend erscheint, kann allenfalls dadurch vermieden werden, daß man die entsprechenden Vorschriften aus der Konkursordnung im Gesamtvollstreckungsverfahren analog anwendet.

2. Nach Konkurseröffnung entstehende Ansprüche

Die bisherigen Ausführungen zu den vorkonkurslichen Ansprüchen des Arbeitnehmers haben weitgehend auch schon Fragen vorgeklärt, die sich bei Ansprüchen stellen, die erst nach Konkurseröffnung aus der Fortführung des Arbeitsverhältnisses entstehen.

a) Lohn und Gehaltsansprüche

Lohn- und Gehaltsansprüche sind in diesem Fall Masseforderungen nach § 59 Abs. 1 Nr. 2 KO, d. h. sie sind noch vor den Rückständen aus dem Arbeitsverhältnis zu befriedigen (§ 60 Abs. 1 KO). Der Umfang der Ansprüche, die zu Masseforderungen werden, bestimmt sich nach denselben Kriterien wie bei Rückständen, d. h. es werden alle Lohn- und Gehaltsansprüche unabhängig von ihrem Inhalt und ihrer Berechnungsweise erfaßt. Bei Ansprüchen, die einmal jährlich oder in einem sonstigen Zeitabstand zu zahlen sind, der länger als ein Monat ist, muß der Anspruch entsprechend dem unter A III 1 c Ausgeführten aufgeteilt werden. Maßgeblich ist dabei auch hier nicht der Fälligkeitszeitpunkt, sondern der Zeitpunkt, für den der Anspruch eine Gegenleistung darstellt. Nicht alle nach Konkurseröffnung fällig werdenden Ansprüche sind also in voller Höhe Masseforderungen.

Wird etwa am 1. Oktober der Konkurs eröffnet, so ist die im Dezember fällig werdende Weihnachtsgratifikation nur für die Monate Oktober bis Dezember Masseforderung nach § 59 Abs. 1 Nr. 2 KO. Die restlichen drei Viertel sind Masseforderung nach § 59 Abs. 1 Nr. 3 a bzw. bevorrechtigte Konkursforderung nach § 61 Abs. 1 Nr. 1 KO.

b)   Urlaubsabgeltungsanspruch

Für den Urlaubsabgeltungsanspruch kann auf die Darstellung unter A III 1 c cc verwiesen werden. Daraus folgt, daß der Anspruch immer dann Masseforderung nach § 59 Abs. 1 Nr. 2 KO ist, wenn das Arbeitsverhältnis nach Konkurseröffnung noch solange fortgeführt worden ist, wie der abzugeltende Urlaubsanspruch dauerte.

BAG ZIP 1980, 784
= AP § 59 KO Nr. 10.

Dabei ist maßgeblich nicht der Zeitpunkt einer Kündigung durch den Konkursverwalter, sondern der der rechtlichen Beendigung des Arbeitsverhältnisses, d. h. der Zeitpunkt, auf den wirksam gekündigt worden ist.

c)   Abfindungsanspruch nach §§ 9, 10 KSchG

Hat der Konkursverwalter das Arbeitsverhältnis ohne Vorliegen eines Kündigungsgrundes gekündigt, so kann das Arbeitsverhältnis nach §§ 9, 10 KSchG vom Arbeitsgericht aufgelöst und der Arbeitgeber zur Zahlung einer Abfindung verurteilt werden.

Dabei erscheint es erneut sachgerecht, die Frage nach der Einordnung ebenso wie bei Sozialplananansprüchen zu beantworten, d. h. eine Bevorrechtigung nach § 61 Abs. 1 Nr. 1 KO bis zur Höhe von zweieinhalb Monatsgehältern anzunehmen, während der Abfindungsanspruch im übrigen einfache Konkursforderung ist (s. oben A III 1 d). Für den gekündigten Arbeitnehmer ist es weitgehend zufällig, ob die Kündigung noch vom Gemeinschuldner oder erst vom Konkursverwalter ausgesprochen wird. Ein sachlicher Grund dafür, bei der Einordnung des Abfindungsanspruchs hier einen Graben zu ziehen, ist nicht ersichtlich.

Vom Standpunkt der derzeit herrschenden Meinung aus muß der Anspruch dagegen als Masseforderung nach § 59 Abs. 1 Nr. 1 KO qualifiziert werden.

> Heinze, in: Gottwald, Insolvenzrechts-
> Handbuch, § 98 Rz. 49;
> Hess/Kropshofer, KO, § 59 Rz. 184;
> Jaeger/Henckel, KO, § 22 Rz. 29.

Zum Abschluß eines Prozeßvergleichs durch den Konkursverwalter mit Zusage einer Abfindung an den Arbeitnehmer s. oben A III 1 e.

d) Kurzarbeitergeld

Nur der Vollständigkeit halber sei kurz erwähnt, daß den Arbeitnehmern auch im Konkurs des Arbeitgebers Anspruch auf Kurzarbeitergeld (§§ 63 ff AFG) zustehen kann. Im Konkurs wird es zwar häufig an der notwendigen Voraussetzung (§ 63 Abs. 1 Satz 1 AFG) fehlen, daß durch die Gewährung des Kurzarbeitergeldes die Arbeitsplätze voraussichtlich erhalten werden können, doch ist das nicht notwendigerweise so. Das Mitbestimmungsrecht des Betriebsrats bei Einführung der Kurzarbeit (§ 87 Abs. 1 Nr. 3 BetrVG) wird im Konkurs selbstverständlich nicht berührt.

e) Gesamtvollstreckung

Für das Gesamtvollstreckungsverfahren ist als Besonderheit lediglich hervorzuheben, daß die Arbeitnehmeransprüche anders als nach § 60 Abs. 1 KO hinter den Verfahrenskosten rangieren (§ 13 Abs. 1 GesO), was einer im Zusammenhang mit der Insolvenzreform immer wieder erhobenen Forderung entspricht und die Abwicklung der Insolvenz in einem geordneten Verfahren ganz wesentlich begünstigt.

3.   **Ansprüche aus Sozialplan und auf Nachteilsausgleich**

a)   **Sozialplan**

Die Problematik der konkursrechtlichen Behandlung von Sozialplananspürchen kann hier nicht näher behandelt werden. Sie ist durch das Sozialplangesetz vom 20. Februar 1985 (BGBl I, 359) geregelt.

> Vgl. dazu
> Balz, RWS-Skript 149 und
> Willemsen/Tiesler, RWS-Skript 269,
> jeweils aaO.

Nach der gesetzlichen Regelung kann kein Zweifel daran bestehen, daß auch im Konkurs ein Sozialplan zu erstellen ist. Die daraus herrührenden Forderungen sind bis zur Höhe von zweieinhalb Monatsverdiensten nach § 61 Abs. 1 Nr. 1 KO vorrangig zu befriedigen (weitergehend § 17 Abs. 3 Nr. 1 c GesO: Drei Monatsverdienste), wobei jedoch insgesamt nicht mehr als ein Drittel der Konkursmasse verwendet werden darf (§ 4 SozplG). Weitergehende Sozialplanforderungen können im Konkurs nicht vereinbart werden (§ 2 SozplG). Bei vorkonkurslichen Sozialplänen ist der über zweieinhalb Monatsverdienste hinausgehende Teil der Anprüche im Konkurs gar nicht (d. h. auch nicht als einfache Konkursforderung) zu berücksichtigen; insoweit ist lediglich der Gemeinschuldner mit seinem konkursfreien Vermögen verpflichtet.

> Balz, RWS-Skript 149, S. 82.

b)   **Nachteilsausgleich**

Keine Regelung enthält das Sozialplangesetz für Ansprüche auf Nachteilsausgleich nach § 113 BetrVG. Insoweit bewendet es bei den allgemeinen konkursrechtlichen Grundsätzen, d. h. es kommt darauf an, ob der Anspruch vor oder nach Konkurseröffnung entstanden ist. Je nachdem handelt es sich um eine einfache Konkursforderung nach § 61 Abs.1 Nr. 6 KO oder um eine Masseschuld nach § 59 Abs. 1 Nr. 1 KO. Im einzelnen bedeutet dies für die in § 113 BetrVG geregelten Ansprüche:

§ 113 Abs. 1 BetrVG: Maßgeblich ist, ob der Arbeitgeber vor Konkurseröffnung von einem vereinbarten Interessenausgleich abweicht; dann handelt es sich um eine einfache Konkursforderung, und zwar auch dann, wenn die Festsetzung der geschuldeten Summe durch das Arbeitsgericht erst nach Konkurseröffnung erfolgt.

Heinze, in: Gottwald, Insolvenzrechts-
Handbuch, § 98 Rz. 104.

Weicht dagegen der Konkursverwalter ohne zwingenden Grund von dem Interessenausgleich ab (egal, ob er ihn selbst vereinbart hat oder dies noch vom späteren Gemeinschschuldner erfolgt ist), so liegt eine Masseschuld vor.

Heinze, in: Gottwald, Insolvenzrechts-
Handbuch, § 98 Rz. 105.

§ 113 Abs. 2 BetrVG: Hier ist ebenfalls maßgeblich, ob die Abweichung von dem Interessenausgleich auf einem Verhalten des Konkursverwalters beruht.

Heinze, in: Gottwald, Insolvenzrechts-
Handbuch, § 98 Rz. 108.

§ 113 Abs. 3 BetrVG: Ist die Betreibsänderung vor Eröffnung des Konkursverfahrens vom späteren Gemeinschuldner bzw. vom Sequester vorgenommen worden (vor allem in Form einer Betriebsstillegung), so handelt es sich bei dem Anspruch auf Nachteilsausgleich um eine einfache Konkursforderung,

BAGE 59, 242 = ZIP 1988, 1417
= AP § 113 BetrVG 1972 Nr. 17,

und zwar auch dann, wenn die Kündigung im Gefolge der Betriebsänderung erst vom Konkursverwalter ausgesprochen worden ist.

BAG ZIP 1990, 873
= AP § 113 BetrVG 1972 Nr. 20.

Ist dagegen die Betriebsänderung erst vom Konkursverwalter vorgenommen worden, so handelt es sich um eine Masseschuld.

BAGE 49, 160 = ZIP 1986, 45
= AP § 113 BetrVG 1972 Nr. 13;
BAGE 62, 88 = ZIP 1989, 1205
= AP § 113 BetrVG 1972 Nr. 19.

Die skizzierte Rechtslage ist wenig einleuchtend. Zum einen ist es für die betroffenen Arbeitnehmer häufig zufällig, ob die maßgebliche Weichenstellung vor oder nach der Konkurseröffnung vorgenommen wird. Daß davon die Alles- oder Nichtsentscheidung der Einordnung der Forderung abhängen soll, überzeugt zumindest im Ergebnis nicht. Hinzukommt, daß sich tiefgreifende Unterschiede gegenüber Sozialplanansprüchen ergeben, die angesichts der engen Zusammenhänge zwischen Sozialplan und Nachteilsausgleich ebenfalls befremdlich wirken.

Heinze, in: Gottwald, Insolvenzrechts-Handbuch, § 98 Rz. 113.

Nach der derzeitigen Rechtslage erscheint eine Abhilfe freilich ausgeschlossen. Insbesondere ist es kaum möglich, die gesetzliche Grundlage im Sozialplangesetz als ausreichend dafür anzusehen, der Problematik von Nachteilsausgleichsansprüchen im Wege einer Analogie beizukommen.

4.   Ausschlußfristen

Tarifvertragliche Ausschlußfristen für die Geltendmachung von Ansprüchen aus dem Arbeitsverhältnis sind im Konkurs insoweit nicht anwendbar, als es sich bei den betroffenen Arbeitnehmeransprüchen um Konkursforderungen handelt, die zur Konkurstabelle angemeldet werden müssen; hier gehen die §§ 138 ff KO vor.

BAGE 47, 343 = ZIP 1985, 754
= AP § 4 TVG Ausschlußfristen Nr. 88.

Unberührt bleiben die Ausschlußfristen jedoch für Ansprüche, die erst nach der Konkurseröffnung aus dem fortgeführten Arbeitsverhältnis entstehen.

> BAGE 47, 343, 350 f (aaO).

Gleiches wird man weiter für Ansprüche annehmen müssen, die zwar schon vor Konkurseröffnung entstanden, nach § 59 Abs. 1 Satz 3 KO aber Masseforderungen sind und deshalb nicht zur Konkurstabelle angemeldet werden müssen. Da hier die §§ 138 ff KO nicht dafür sorgen, daß der Konkursverwalter einen schnellen Überblick über die Forderungen erhält, muß dies mittels der Ausschlußfristen geschehen.

Ist ein Arbeitnehmeranspruch bei Konkurseröffnung wegen Ablaufs der Ausschlußfrist bereits erloschen, so besteht gar keine Forderung mehr; die Konkurseröffnung ändert daran nichts.

> BAGE 47, 343, 350 (aaO).

IV. Das Arbeitsverhältnis bei Veräußerung des Betriebs durch den Konkursverwalter

Ein weiterer Schwerpunkt in der Diskussion um das Schicksal des Arbeitsverhältnisses im Konkurs des Arbeitgebers ist seit längerem die Frage, ob bei Veräußerung des Betriebs durch den Konkursverwalters § 613a BGB anwendbar ist. Während das arbeitsrechtliche Schrifttum sich überwiegend für die Anwendbarkeit des § 613a BGB aussprach, befürchtete das konkursrechtliche Schrifttum, daß es auf diesem Weg zu systemwidrigen Brüchen im konkursrechtlichen Haftungssystem kommen würde.

> Einzelheiten über die Diskussion, auf die hier nicht näher eingegangen zu werden braucht, s. bei
> Henckel, ZIP 1980, 2.

1. Übergang der Arbeitsverhältnisse nach § 613a BGB

a) Alte Bundesländer

Die Frage ist am 17. Januar 1980 vom Bundesarbeitsgericht differenzierend beantwortet worden.

> BAGE 32, 326 = ZIP 1980, 117
> = NJW 1980, 1124 = AP § 613a BGB Nr. 18.
> Durch Urt. v. 26. 5. 1983
> (BAGE 43, 13 = ZIP 1983, 1377
> = NJW 1984, 627 = AP § 613a BGB Nr. 34
> mit insoweit zust. Anm. Grunsky)
> hat das BAG seine Auffassung gegen die
> abweichende Ansicht des LAG Hamm
> (ZIP 1982, 991, dazu zu Recht kritisch
> Willemsen, ZIP 1983, 411) bekräftigt;
> s. weiter BAG ZIP 1987, 525
> = AP § 613a BGB Nr. 57.

aa) Das Gericht unterscheidet dabei nach den in § 613a BGB angeordneten Rechtsfolgen (einerseits **Übergang des Arbeitsverhältnisses auf den Erwerber**, andererseits Haftung des Erwerbers für rückständige Ansprüche der Arbeitnehmer). Soweit es um den Übergang (und damit um den Fortbestand) der Arbeitsverhältnisse geht, bejaht das Bundesarbeitsgericht die Anwendbarkeit des § 613a BGB deswegen, weil sich andernfalls eine Lücke im betriebsverfassungsrechtlichen Schutz der Arbeitnehmer ergebe: Einerseits brauche der Erwerber bei der Auswahl von zu übernehmenden Arbeitnehmern nicht den Maßstab der sozialen Auswahl des § 1 Abs. 3 KSchG einzuhalten; andererseits stelle die Veräußerung wegen des sich aus § 613a BGB ergebenden Schutzes als solche keine Betriebsänderung i. S. d. §§ 111 ff BetrVG dar,

> So weiter BAG ZIP 1980, 282;
> BAG ZIP 1981, 420,

weshalb die Arbeitnehmer auch nicht in den Genuß eines Sozialplans kämen. Obwohl die Begründung nicht überzeugt,

wenn man wegen § 613a BGB bei einer
Veräußerung das Vorliegen einer Betriebsänderung verneint, muß dann etwas
anderes gelten, wenn man § 613a BGB
ausnahmsweise nicht anwendet,

trifft das Bundesarbeitsgericht im Ergebnis das Richtige. Maßgeblich
dafür sind keine betriebsverfassungsrechtlichen Erwägungen (an dem
Ergebnis ändert sich auch bei einem betriebsratslosen Betrieb nichts),
sondern die schlichte Überlegung, daß kein Grund ersichtlich ist, den
Arbeitnehmern den Bestandsschutz allein deshalb vorzuenthalten, weil
der Betrieb vom Konkursverwalter veräußert worden ist. Sicher kann
es sein, daß sich dadurch der Erlös verringert,

zu berücksichtigen ist allerdings, daß
der Erwerber aus betriebsbedingten Gründen
kündigen kann, also nicht etwa überflüssige
Arbeitskräfte auf Dauer mitschleppen muß,

doch ist das auch nicht anders, wenn ein in Krise geratenes Unternehmen außerhalb eines Konkursverfahrens veräußert wird. Dem allgemeinen Grundsatz entsprechend,

s. Kuhn/Uhlenbruck, KO, § 6 Rz. 23 a;
Baur/Stürner, Zwangsvollstreckungs-,
Konkurs- und Vergleichsrecht, Rz. 10.30,

rückt der Konkursverwalter in die Rechtsstellung des Gemeinschuldners ein und ist an die diesen treffenden rechtlichen Beschränkungen
gebunden. Kann der Gemeinschuldner den Betrieb nur zusammen mit
den Arbeitsverhältnissen übertragen, so muß dies auch für den Konkursverwalter gelten.

Obwohl im konkursrechtlichen Schrifttum gegen den Übergang der
Arbeitsverhältnisse noch immer Bedenken geäußert werden,

s. insbesondere
Häsemeyer, Insolvenzrecht, 1992, S. 535 ff
und weiter
Kuhn/Uhlenbruck, KO, § 1 Rz. 80 i,

kann es inzwischen als zumindest für die Praxis gesichert gelten, daß die Arbeitsverhältnisse bei Veräußerung des Betriebs durch den Konkursverwalter auf den Erwerber nach § 613a BGB übergehen.

Heinze, in: Gottwald, Insolvenzrechts-
Handbuch, § 97 Rz. 53;
Hess/Kropshofer, KO, § 22 Rz. 949 ff;
KR-M. Wolf, § 613a BGB Rz. 50;
Baur/Stürner, Zwangsvollstreckungs-,
Konkurs- und Vergleichsrecht, Rz. 9.41.

Dabei ist es unerheblich, ob dieses Ergebnis europarechtlich vorgegeben ist oder ob man mit dem Europäischen Gerichtshof,

EuGH ZIP 1985, 824,

meint, die EG-Richtlinie 77/187 vom 14. Februar 1977 sei auf die Betriebsveräußerung im Konkurs nicht anzuwenden.

bb)　　　Weiter ist § 613a BGB insoweit anwendbar, als Abs. 4 eine **Kündigung wegen des Betriebsübergangs** ausschließt.

BAGE 43, 13 (aaO);
Heinze, in: Gottwald, Insolvenzrechts-
Handbuch, § 97 Rz. 55;
KR-M. Wolf, § 613a Rz. 113;
Kuhn/Uhlenbruck, KO, § 1 Rz. 80 k.

Der Erwerber bzw. der bisherige Betriebsinhaber kann allenfalls aus betriebsbedingten Gründen kündigen, wobei ein Kündigungsgrund jedoch nicht schon darin liegen soll, daß der Erwerber nicht bereit ist, den Betrieb einschließlich aller Arbeitsverhältnisse zu übernehmen.

BAGE 43, 13 (aaO);
fraglich.

b) Neue Bundesländer

In den neuen Bundesländern ist § 613a BGB auf eine Betriebsübertragung im Gesamtvollstreckungsverfahren nach Art. 232 § 5 Abs. 2 Nr. 1 EGBGB bis zum 31. Dezember 1994 nicht anwendbar, ohne daß dabei nach den verschiedenen Rechtsfolgen des § 613a BGB differenziert wird. Die Arbeitsverhältnisse gehen also nicht auf den Erwerber über (soweit er sie nicht rechtsgeschäftlich übernimmt) und eine Kündigung durch den Verwalter scheitert nicht an § 613a Abs. 4 BGB.

Der Ausschluß der Anwendbarkeit von § 613a BGB bezieht sich auch auf den Fall der Unterbrechung der Gesamtvollstreckung nach dem Gesetz über die Unterbrechung von Gesamtvollstreckungsverfahren (i. d. F. vom 23. 5. 1991, BGBl I, 1191).

> Heinze, in: Gottwald, Insolvenzrechts-
> Handbuch, Nachtrag GesamtvollstreckungsO,
> Kap. VII Rz. 2, 3.

2. Keine Haftung des Erwerbers für rückständige Verpflichtungen

a) Grundsatz

Das Wesentliche der vom Bundesarbeitsgericht vorgenommenen Weichenstellung besteht darin, daß es in Fortführung von Ansätzen aus dem Schrifttum,

> Richardi, RdA 1976, 56, 57;
> Jaeger/Henckel, KO, § 1 Rz. 16;
> Wiedemann/Willemsen, RdA 1979, 418 ff,

zwischen den verschiedenen Rechtsfolgen des § 613a BGB differenziert. Damit, daß die Arbeitsverhältnisse auf den Erwerber übergehen, ist noch lange nicht gesagt, daß dieser entsprechend dem Regelfall des § 613a BGB auch für Rückstände haftet. Hier - aber auch erst hier - sind die im konkursrechtlichen Schrifttum gegen die Anwendbarkeit von § 613a BGB erhobenen Bedenken berechtigt und zutreffenderweise hat das Bundesarbeitsgericht die Vorschrift in diesem Punkt nicht für anwendbar erklärt.

Seit BAGE 32, 326 (aaO) ständige Recht-
sprechung; s. zuletzt
BAGE 62, 224 = ZIP 1989, 1422
= AP § 1 BetrAVG Betriebsveräußerung Nr. 10;
BAG ZIP 1993, 1013
= AP § 1 BetrAVG Betriebsveräußerung Nr. 15 .

Andernfalls hätten die Arbeitnehmer, deren Arbeitsverhältnisse über-
gegangen sind, das große Los gezogen: Neben ihren Ansprüchen gegen
den Gemeinschuldner (einschließlich der dabei bestehenden Vor-
rechte) hätten sie einen solventen Neuschuldner, würden also im Gegensatz zu allen anderen Konkursgläubigern (einschließlich von vor
der Veräußerung ausgeschiedenen Arbeitnehmern) praktisch keinerlei
Risiko laufen. Statt dessen müßten die übrigen Konkursgläubiger diese
Sonderstellung der Arbeitnehmer dadurch indirekt mitfinanzieren,
daß der Erlös für den Betrieb eben wegen der Rückstände geringer als
ohne eine Mithaftung des Erwerbers ist.

Man mag dagegen vorbringen, daß die vorkonkursliche Veräußerung
erneut nicht anders als die Veräußerung im Konkurs beurteilt werden
dürfe. Hat der Gemeinschuldner den Betrieb noch vor Eröffnung des
Konkursverfahrens veräußert, so haben die Arbeitnehmer in der Tat
die "Doppelsicherung" (falls das Konkursverfahren so rechtzeitig eröffnet wird, daß die Rückstände zeitlich noch nahe genug liegen, um in
den Genuß der Konkursrechte zu kommen). Obwohl die Dinge hier in
der Tat nicht restlos aufgehen, ist dem Bundesarbeitsgericht zuzustimmen. Der maßgebliche Unterschied liegt darin, daß der Arbeitnehmer
bei Veräußerung des Betriebs durch den Konkursverwalter sicher sein
kann, in den vollen Genuß der Konkursvorrechte zu gelangen, während ihm bei einer Veräußerung durch den Gemeinschuldner die Zeit
wegläuft.

Dadurch, daß der Erwerber für die Rückstände nicht haftet, ist der
Arbeitnehmer darauf angewiesen, seine Ansprüche nicht anders geltend zu machen, als wäre die Veräußerung des Betriebs nicht erfolgt.
Welche Ansprüche rückständig sind, bestimmt sich nach denselben
Kriterien wie bei Aufteilung von Ansprüchen auf die verschiedenen
konkursrechtlich relevanten Zeiträume (s. dazu A III 1 c), d. h. in län-
gerfristigen Abständen zu zahlende Vergütungsanteile sind unabhängig vom Zeitpunkt ihrer Fälligkeit auf den jeweiligen Zeitraum umzu-

legen. Bei einer am 15. September erfolgten Veräußerung des Betriebs hat der Erwerber nach dem Zwölftelungssystem demnach nur ein Drittel der Weihnachtsgratifikation zu zahlen. Den auf die Monate Januar bis August entfallenden Anteil muß der Arbeitnehmer dagegen im Konkursverfahren geltend machen.

Eine wichtige Folge des vom Bundesarbeitsgericht vertretenen Standpunkts besteht darin, daß die Träger der Insolvenzsicherung im Konkurs des Arbeitgebers durch die Veräußerung des Betriebs nicht entlastet werden: Die Bundesanstalt für Arbeit schuldet das Konkursausfallgeld und kann beim Erwerber nicht Rückgriff nehmen und der Pensionssicherungsverein haftet für bereits erdiente Versorgungsanwartschaften zeitanteilig (§ 7 Abs. 2 BetrAVG).

> Auf betriebliche Ruhegeldansprüche wird
> auch hier nicht näher eingegangen;
> zu den Auswirkungen der Betriebsveräuße-
> rung im Konkurs s. insoweit die bespro-
> chene Entscheidung
> BAGE 32, 326 = ZIP 1980, 1124
> = NJW 1980, 1124, in der es um das Schick-
> sal von Versorgungsanwartschaften ging.

Das System, nach dem die Bundesanstalt gegen den Arbeitgeber Rückgriff nehmen kann, bestätigt übrigens die Richtigkeit der Auffassung des Bundesarbeitsgerichts. Nach § 141 m Abs. 1 AFG geht der rückständige Anspruch gegen den Arbeitgeber mit Stellung des Antrags auf Konkursausfallgeld auf die Bundesanstalt über. Würde die Betriebsveräußerung jetzt erst nach Stellung des Antrags auf Konkursausfallgeld erfolgen, so hätte der Arbeitnehmer wegen des gesetzlichen Forderungsübergangs nach § 141 m Abs. 1 AFG insoweit keine Ansprüche gegen den bisherigen Arbeitgeber mehr, weshalb der Erwerber dafür nicht haften könnte. Wäre die Veräußerung dagegen vor der Antragstellung erfolgt, so würde der Erwerber haften. Eine derartige Differenzierung wäre offenkundig nicht interessengerecht und würde die Belastung des Erwerbers von einem Zufallskriterium abhängig machen. Auch von daher ist es sachgerecht, eine Haftung des Erwerbers für rückständige Ansprüche des Gemeinschuldners auszuschließen.

b)   Konkrete Folgerungen

Der Ausschluß der Haftung des Betriebserwerbers für rückständige Ansprüche der Arbeitnehmer hängt nicht davon ab, ob und in welchem Umfang die Ansprüche gesichert sind (vor allem nach §§ 59 Abs. 1 Nr. 3, 61 Abs. 1 Nr. 1 KO) und Aussicht auf effektive Befriedigung haben.

> BAG ZIP 1987, 525
> = AP § 613a BGB Nr. 57.

Dagegen bleibt § 613a Abs. 2 BGB insoweit anwendbar, als es sich um Ansprüche der Arbeitnehmer aus der Zeit nach Eröffnung des Konkursverfahrens (d. h. um Masseforderungen nach § 59 Abs. 1 Nr. 2 KO) handelt.

> BAGE 53, 380 = ZIP 1987, 454
> = AP § 613a BGB Nr. 56;
> Heinze, in: Gottwald, Insolvenzrechts-
> Handbuch, § 97 Rz. 59.

Weiter wird die Haftung des Erwerbers für rückständige Arbeitnehmerforderungen nicht dadurch berührt, daß es bei einem vor Konkurseröffnung erworbenen Unternehmen später zum Konkurs kommt. Der Zeitpunkt der Konkurseröffnung ist hier ebenso von zentraler Bedeutung wie der der Betriebsübernahme. Liegt letztere vor Konkurseröffnung, so haftet der Erwerber unabhängig davon, daß die Arbeitnehmer ihre Forderungen außerdem im Konkurs des Veräußerers geltend machen können und dabei möglicherweise gegenüber anderen Gläubigern eine erheblich bessere Position haben.

> BAG AP § 1 BetrAVG Betriebsveräußerung Nr. 15
> (aaO).

Dies mag unbillig erscheinen, beruht aber darauf, daß § 613a Abs. 2 BGB eine gesamtschuldnerische Haftung anordnet und diese den Arbeitnehmern nicht wieder dadurch entzogen werden kann, daß nachträglich das Konkursverfahren eröffnet wird.

Damit wird hier die Rechtsprechung des Bundesarbeitsgerichts wichtig, wonach sich der Zeitpunkt des Betriebsübergangs danach bestimmt, ab wann der Erwerber die Leitungsmacht im Betrieb ausüben kann, während es nicht darauf ankommt, ab wann dies effektiv geschieht.

> BAG ZIP 1988, 48 = AP § 613a BGB Nr. 69;
> BAG ZIP 1992, 49;
> BAG ZIP 1993, 1013.

Sofern der Erweber die Leitungsmacht schon vor Konkurseröffnung ausüben konnte, haftet er auch für die rückständigen Arbeitnehmerforderungen.

> BAG AP § 1 BetrAVG Betriebsveräußerung Nr. 15
> (aaO).

Beim Erwerb eines insolvenzgefährdeten Unternehmens empfiehlt es sich für den Erwerber deshalb, die Dinge nicht zu überstürzen.

Daraus, daß § 613a Abs. 2 BGB bei einem Erwerb des Betriebs vor Konkurseröffnung anwendbar bleibt, folgt weiter, daß auch dann nichts anderes gilt, wenn vor Konkurseröffnung ein Sequester bestellt worden ist und dieser einer Betriebsveräußerung zustimmt, die dann noch vor Konkurseröffnung erfolgt.

> BAGE 64, 196 = ZIP 1990, 662
> = AP § 613a BGB Nr. 85;
> kritisch dazu
> Kilger, in: Festschrift Merz,
> 1992, 250 ff.

Dies entspricht dem sonstigen Verständnis des Sequesters, der dem Konkursverwalter nicht gleichgestellt wird, weshalb von ihm begründete Verbindlichkeiten in dem späteren Konkurs keine Masseschulden nach § 59 Abs. 1 Nr. 1 KO sind.

> BGHZ 97, 87.

B.   Das Arbeitsverhältnis im Vergleich des Arbeitgebers

Die Ausführungen zum Schicksal des Arbeitsverhältnisses im Konkurs gelten weitgehend entsprechend für das Vergleichsverfahren. In einzelnen Punkten (insbesondere bei der ordentlichen Kündigung) ergeben sich jedoch Besonderheiten, die im folgenden darzustellen sind.

I.   Kündigung des Arbeitsverhältnisses

1.   Ermächtigung zur Kündigung nach §§ 51 Abs. 2, 50 Abs. 2 VglO

Im Gegensatz zu § 22 KO kann das Arbeitsverhältnis im Vergleich nicht ohne weiteres unter Einhaltung der gesetzlichen Kündigungsfrist vom Vergleichsschuldner gekündigt werden. Nach § 51 Abs. 2 i. V. m. § 50 Abs. 2 VglO benötigt er dazu vielmehr die vorherige Ermächtigung des Vergleichsgerichts, die er spätestens zwei Wochen nach der öffentlichen Bekanntmachung des Eröffnungsbeschlusses beantragen muß (§ 50 Abs. 2 Satz 2 VglO). Diese Regelung hat hinsichtlich der Geltung der allgemeinen Kündigungsschutzbestimmungen zu erheblicher Verwirrung geführt.

Die früher herrschende Meinung, die auch heute noch häufig vertreten wird, versteht § 51 Abs. 2 VglO dahingehend, daß mit der Ermächtigung zur Kündigung die §§ 1 ff KSchG nicht mehr anwendbar sein sollen.

> S. aus dem reichhaltigen neueren
> Schrifttum etwa
> Wichmann, Der Arbeitnehmer, Lehrling
> und Pensionär im Konkurs- und Vergleichs-
> verfahren des Arbeitgebers, S. 83 ff;
> Heilmann, Die Rechtslage des Arbeit-
> nehmers bei Insolvenz seines Arbeit-
> gebers, S. 115;
> H. Hoffmann, ZIP 1983, 776;
> Bley-Mohrbutter, VglO, 4. Aufl., 1979,
> § 51 Rz. 56 c.

Das Vergleichsgericht habe vor der Erteilung der Kündigungsermächtigung die sozialen Belange der Parteien zu berücksichtigen und insbesondere auch zu berücksichtigen, ob der Vergleichsschuldner die richtige soziale Auswahl (§ 1 Abs. 3 KSchG) getroffen habe. Neben dem Arbeitnehmer (§ 50 Abs. 2 Satz 3 VglO) sei auch der Betriebsrat anzuhören. Angesichts dessen sei für eine erneute Überprüfung der Kündigung durch das Arbeitsgericht kein Platz.

Liegt die Ermächtigung vor, so stehe damit fest, daß die Kündigung sozial gerechtfertigt ist. Der Vergleichsschuldner brauche auch nicht mehr den Betriebsrat nach § 102 BetrVG anzuhören.

> Heilmann, Die Rechtslage des Arbeitnehmers bei Insolvenz seines Arbeitgebers, S. 155;
>
> a. A. Bley/Mohrbutter, VglO, § 51 Rz. 47.

Eine Kündigungsschutzklage soll offenbar - wenn dies auch nicht ausdrücklich gesagt wird - unzulässig sein. Im Ergebnis soll das Ermächtigungsverfahren also so etwas wie ein vorweggenommenes Kündigungsschutzverfahren sein.

Die dargestellte Auffassung ist unhaltbar.

> S. zur Kritik der h. M. besonders Tilse, Der allgemeine Kündigungsschutz des Arbeitnehmers im gerichtlichen Vergleichsverfahren des Arbeitgebers, Diss. Münster 1977, der weitgehend ebenfalls zu den im folgenden vertretenen Ergebnissen kommt.

Einigkeit besteht offenbar zumindet insoweit, daß der allgemeine Kündigungsschutz des Künidigungsschutzgesetzes auch im Vergleich des Arbeitgebers gilt.

> So ausdrücklich Herschel/Löwisch, KSchG, § 1 Rz. 8.

Es wäre auch schwer verständlich, wollte man den Arbeitnehmer insoweit zwar im gesunden und im zusammengebrochenen Unternehmen schützen, nicht dagegen auch in der dazwischen liegenden "Krankheitsphase" des Vergleichs. Problematisch ist allein der Weg, auf dem der Kündigungsschutz erreicht wird.

Gegen die dargestellte Meinung spricht, daß sie dem Arbeitnehmer einige wichtige Garantien für die Einhaltung des Kündigungsschutzes nimmt, ohne daß ersichtlich wäre, weshalb seine Rechtsstellung hier schwächer als sonst sein soll. So kann die Anhörung des Vertragsgegners (d. h. des Arbeitnehmers) unterbleiben, wenn sie untunlich ist (§ 50 Abs. 2 Satz 4 VglO). Will man dem verfassungsrechtlichen Anspruch des Arbeitnehmers auf Gewährung rechtlichen Gehörs Genüge tun, so wird man vom Standpunkt der herrschenden Meinung aus wohl zu dem Ergebnis kommen müssen, daß die Unterlassung der Anhörung nie untunlich ist.

> So ausdrücklich
> H. Hoffmann, ZIP 1983, 780.

Schwerer wiegt, daß die Kündigungsermächtigung vom Rechtspfleger erteilt wird (§ 3 Nr. 2 f RpflG), daß sie nicht angefochten werden kann (§ 121 VglO) und daß die im arbeitsgerichtlichen Verfahren vom Gesetzgeber für unerläßlich angesehene Beteiligung sachkundiger Laien nicht verwirklicht werden kann. Schon diese Gründe zeigen, daß die herrschende Meinung nicht richtig sein kann.

Hinzukommt, daß die Vorstellung eines vorweggenommenen Kündigungsschutzverfahrens gar nicht realisierbar ist. Bei der Entscheidung des Vergleichsgerichts kann dieses nicht wissen, wie der personelle Stand des Unternehmens im Augenblick der Kündigung aussehen wird. Möglicherweise sind bis dahin bereits andere Arbeitnehmer ausgeschieden. Wie das Vergleichsgericht dann aber kontrollieren soll, ob die vom Vergleichsschuldner getroffene Auswahl sozial gerechtfertigt ist (§ 1 Abs. 3 KSchG), bleibt unerfindlich. Vollends unerfüllbar ist die Aufgabe für das Vergleichsgericht, wenn der Vergleichsschuldner die Ermächtigung für eine größere Anzahl von Arbeitnehmern beantragt, jedoch hofft, daß ein Teil davon ohne Kündigung freiwillig ausscheidet. Hier hat das Vergleichsgericht keine Möglichkeit, im voraus zu beurteilen, welche Kündigung sozial gerechtfertigt ist. Ähnliches gilt für das Widerspruchsrecht des Betriebsrats nach § 102 Abs. 3 BetrVG.

Alle diese Komplikationen und Ungereimtheiten lassen sich nur dann vermeiden, wenn man §§ 51 Abs. 2, 50 Abs. 2 VglO mit § 22 KO gleichschaltet, d. h. die Ermächtigung ausschließlich als Möglichkeit ansieht, eine vertraglich vereinbarte Kündigungsfrist auf das gesetzlich vorgesehene Maß zu reduzieren. Anders als im Konkurs soll das nicht automatisch erfolgen, sondern erst nach einer vorgeschalteten gerichtlichen Prüfung. Die Differenzierung ist auch sinnvoll: Im Vergleich kann es dem Arbeitgeber im Einzelfall durchaus zugemutet werden, sich uneingeschränkt an das Vereinbarte zu halten.

Als Ergebnis bleibt deshalb festzuhalten, daß das Kündigungsschutzgesetz auch bei einer ordentlichen Kündigung anwendbar ist, die der Vergleichsschuldner aufgrund einer Ermächtigung des Vergleichsgerichts ausgesprochen hat. Vor allem kann der Arbeitnehmer im Wege einer Kündigungsschutzklage die soziale Rechtfertigung der Kündigung überprüfen lassen.

> Zutreffend LAG Bremen DB 1982, 1278 für
> eine Überprüfung der sozialen Auswahl.
> Wie hier auch
> Heinze, in: Gottwald, Insolvenzrechts-
> Handbuch, § 100 Rz. 22;
> KR-Becker, § 1 KSchG Rz. 111;
> Hueck/v. Hoyningen-Huene, KSchG,
> § 1 Rz. 109.

Weiter gilt - insoweit besteht Einigkeit - der besondere Kündigungsschutz für Betriebsratsmitglieder, Schwerbeschädigte sowie der Mutterschutz.

> Bley/Mohrbutter, VglO, § 51 Rz. 47, 49 f;
> Heilmann, Die Rechtslage des Arbeit-
> nehmers bei Insolvenz seines Arbeit-
> gebers, S. 115;
> H. Hoffmann, ZIP 1983, 780;
> Heinze, in: Gottwald, Insolvenzrechts-
> Handbuch, § 100 Rz. 27 ff.

Die Erteilung der Ermächtigung nach §§ 51 Abs. 2, 50 Abs. 2 VglO durch das Vergleichsgericht berührt ferner die Rechtsstellung des Betriebsrates nicht. Vor allem muß vor Ausspruch der Kündigung die Anhörung nach § 102 Abs. 2 BetrVG erfolgen.

> Heinze, in: Gottwald, Insolvenzrechts-
> Handbuch, § 100 Rz. 21.

2. Kündigung ohne Ermächtigung des Vergleichsgerichts

Die Kündigungsermächtigung nach §§ 51 Abs. 2, 50 Abs. 2 VglO ist nicht der einzige Weg, auf dem der Vergleichsschuldner das Arbeitsverhältnis auflösen kann. Er kann vielmehr ohne Einschaltung des Vergleichsgerichts nach den allgemeinen Grundsätzen kündigen; hier gilt dann das Kündigungsschutzgesetz ebenso wie § 102 BetrVG uneingeschränkt.

> Wichmann, Der Arbeitnehmer, Lehrling
> und Pensionär im Konkurs- und Vergleichs-
> verfahren des Arbeitgebers, S. 85;
> Heilmann, Die Rechtslage des Arbeit-
> nehmers bei Insolvenz seines Arbeit-
> gebers, S. 113;
> Bley/Mohrbutter, VglO, § 51 Rz. 36;
> Hueck/v. Hoyningen- Huene, KSchG,
> § 1 Rz. 108;
> Herschel/Löwisch, KSchG, § 1 Rz. 8, 8 a;
> KR-Weigand, §§ 50, 51 VglO Rz. 9.

Daß diese Möglichkeit bestehen muß, wird schon dann klar, wenn man sich vor Augen hält, daß die Kündigungsermächtigung innerhalb von zwei Wochen nach der öffentlichen Bekanntmachung des Eröffnungsbeschlusses beantragt werden muß. Ist die Ermächtigung erteilt worden, so kann die Kündigung nur innerhalb von zwei weiteren Wochen ausgesprochen werden (§ 51 Abs. 2 i. V. m. § 50 Abs. 3 VglO). Diese Fristen sind so kurz bemessen, daß der Vergleichsschuldner häufig noch gar nicht wissen wird, ob und welche Arbeitsverhältnisse er kündigen soll. Hier muß er die Möglichkeit haben, auf eine sich erst später herausstellende Notwendigkeit durch Kündigung reagieren zu können.

Aber auch innerhalb der Frist, während derer die Kündigung noch mit einer Ermächtigung des Vergleichsgerichts möglich ist, braucht der Vergleichsschuldner diesen Weg nicht einzuschlagen. Von dem hier vertretenen Standpunkt aus, wonach die vergleichsgerichtliche Ermächtigung die Anwendbarkeit des Kündigungsschutzgesetzes nicht berührt, ist es für den Vergleichsschuldner nur dann sinnvoll, die Ermächtigung zu beantragen, wenn er eine vertraglich vereinbarte Kündigungsfrist reduzieren will. Besteht dafür keine Notwendigkeit, weil ohnehin die gesetzliche oder eine kürzere Frist gilt, so tut der Vergleichsschuldner gut daran, die Kündigung ohne Einschaltung des Vergleichsgerichts auszusprechen.

3.   Außerordentliche Kündigung

Unproblematisch ist die Rechtslage bei der außerordentlichen Kündigung (§ 626 BGB). Hier kann der Vergleichsschuldner auf jeden Fall ohne die Ermächtigung nach §§ 51 Abs. 2, 50 Abs. 2 VglO kündigen. Die Ermächtigung bezieht sich ausschließlich auf die ordentliche Kündigung und besagt zur Kündigung nach § 626 BGB nichts.

> Bley/Mohrbutter, VglO, § 51 Rz. 37;
> Wichmann, Der Arbeitnehmer, Lehrling
> und Pensionär im Konkurs- und Vergleichs-
> verfahren des Arbeitgebers, S. 69.

Der Arbeitgeber hat also auf jeden Fall den Betriebsrat nach § 102 BetrVG anzuhören.

> Heilmann, Die Rechtslage des Arbeit-
> nehmers bei Insolvenz seines Arbeit-
> gebers, S. 113.

In der Vergleichseröffnung als solcher liegt ebensowenig wie in der Konkurseröffnung ein Grund zur außerordentlichen Kündigung.

> BAG NJW 1969, 525;
> Bley/Mohrbutter, VglO, § 51 Rz. 37;
> Wichmann, Der Arbeitnehmer, Lehrling
> und Pensionär im Konkurs- und Vergleichs-
> verfahren des Arbeitgebers, S. 69;

KR-Weigand, §§ 50, 51 VglO Rz. 10;
Heinze, in: Gottwald, Insolvenzrechts-
Handbuch, § 100 Rz. 5.

II. Ansprüche des Arbeitnehmers

Zu den Ansprüchen des Arbeitnehmers im Vergleichsverfahren genü-
gen einige kurze Einzelpunkte. Im übrigen kann auf die Ausführungen
zum Konkurs verwiesen werden (s. oben A III).

Soweit und solange das Arbeitsverhältnis nach Eröffnung des Vergleichsverfahrens fortgeführt wird, fallen die Ansprüche des Arbeitnehmers unter § 36 Abs. 1 VglO, d. h. der Arbeitnehmer ist nicht Ver-
gleichsgläubiger, sondern hat Anspruch auf ungekürzte Erfüllung.

Bley/Mohrbutter, VglO, § 51 Rz. 51.

Gleiches gilt nach § 26 Abs. 1 VglO für Forderungen, die im Konkurs
ein Vorrecht genießen, d. h. für Rückstände aus dem Arbeitsverhältnis
bis zu einem Jahr vor Eröffnung des Vergleichsverfahrens (§ 61 Abs. 1
Nr. 1 KO). Die weitere Unterteilung in Masseforderungen für die letzten sechs Monate vor Eröffnung des Verfahrens (§ 59 Abs. 1 Nr. 3 a
KO) und in bevorrechtigte Konkursforderungen spielt im Vergleichsverfahren keine Rolle.

Bley/Mohrbutter, VglO, § 26 Rz. 59 f.

Der Arbeitnehmer hat im Vergleichsverfahren auch keinen Anspruch
auf Konkursausfallgeld.

Bley/Mohrbutter, VglO, § 26 Rz. 59 f;
Hess/Kropshofer, KO, Anh. I,
§ 141b AFG Rz. 3.

Der einzige Zeitpunkt, der im Vergleichsverfahren beim Arbeitsverhältnis eine Rolle spielt, ist die Grenze zwischen Rückständen aus den
letzten zwölf Monaten und älteren Rückständen. Letztere sind als
Vergleichsforderungen stimmberechtigt (§ 71 VglO). Bei Ansprüchen,
die für einen längeren Zeitraum nur einmal ausgezahlt werden (Grati-

fikationen, Prämien), gilt auch hier, daß sie auf den gesamten Zeitraum umzulegen sind und damit teilweise Vergleichsforderung sein
können (Einzelheiten zu diesen Ansprüchen s. A III 1 c).

Das skizzierte System kann im **Anschlußkonkurs** zu Schwierigkeiten
führen. Dies deshalb, weil die Arbeitnehmer Gefahr laufen, daß das
Vergleichsverfahren scheitert, sich die Fristen für ihre Bevorrechtigung
nach §§ 59 Abs. 1 Nr. 3 a, 61 Abs. 1 Nr. 1 KO jedoch nach der Eröffnung des Konkurs- und nicht etwa des Vergleichsverfahrens berech-
nen.

> Einhellige Meinung; s. etwa
> BAG NJW 1967, 1055;
> Wichmann, Der Arbeitnehmer, Lehrling
> und Pensionär im Konkurs- und Vergleichs-
> verfahren des Arbeitgebers, S. 167;
> Heilmann, Die Rechtslage des Arbeit-
> nehmers bei Insolvenz seines Arbeit-
> gebers, S. 69 f;
> Jaeger/Lent, KO, § 61 Rz. 76;
> Kuhn/Uhlenbruck, KO, § 61 Rz. 76;
> Kilger/Karsten Schmidt, KO, § 61 Anm. 4;
> Bley/Mohrbutter, VglO, § 107 Rz. 22 c.

Damit ist es möglich, daß sich das Vergleichsverfahren für die Arbeitnehmer verhängnisvoll auswirkt: Wäre sofort das Konkursverfahren
eröffnet worden, so wären die Rückstände bevorrechtigt gewesen,
während sie wegen des Zeitverlusts im Vergleichsverfahren jetzt vielleicht nur noch einfache Konkursforderungen sind. Auch der Anspruch auf Konkursausfallgeld kann inzwischen verlorengegangen sein.

III. **Das Arbeitsverhältnis bei Veräußerung des Betriebs durch
den Vergleichsschuldner**

Schwierigkeiten ergeben sich hinsichtlich der Anwendbarkeit des
§ 613a BGB bei Veräußerung des Betriebs durch den Vergleichsschuldner. Zutreffender Ansicht nach ist die Vorschrift uneingeschränkt anwendbar,

Heinze, in: Gottwald, Insolvenzrechts-
Handbuch, § 100 Rz. 35,

und zwar nicht nur in dem Sinn, daß die Arbeitsverhältnisse auf den
Erwerber übergehen; dieser haftet vielmehr auch für die rückständigen
Ansprüche der Arbeitnehmer.

**A. A. BAGE 62, 224 = ZIP 1989, 1422
= AP § 1 BetrAVG Betriebsveräußerung Nr. 10.**

Die Gründe, die das Bundesarbeitsgericht erwogen haben, § 613a
BGB bei einer Veräußerung des Betriebs durch den Konkursverwalter
insoweit nicht anzuwenden (s. A IV), treffen im Vergleichsverfahren
nicht zu. Dadurch, daß der Veräußerer hier für Rückstände aus dem
letzten Jahr voll haftet, ohne daß den Arbeitnehmern ein Vorrecht
zusteht, das ihnen die Erfüllung ihrer Ansprüche garantiert, sind sie in
keiner anderen Lage als Arbeitnehmer des Betriebs bei dessen
Veräußerung außerhalb des Konkurs- oder Vergleichsverfahrens. Der
einzige Fall, in dem es zu einer ungerechtfertigten Besserstellung der
Arbeitnehmer kommen kann, ist der, daß ältere als einjährige
Rückstände vorhanden sind (die allerdings nur noch in Höhe des
Vergleichsquote bestehen können). Hier würden die Arbeitnehmer in
der Tat über § 613a BGB unverhoffterweise doch noch volle
Befriedigung ihrer Ansprüche erreichen, womit sie bei Fortführung
des Betriebs durch den Veräußerer möglicherweise nicht rechnen
konnten. Derartige Fälle dürften in der Praxis jedoch so selten sein,
daß es sich nicht rechtfertigt, im Hinblick darauf § 613a BGB nicht
uneingeschränkt anzuwenden. Zu erwägen wäre allenfalls, die Haftung
des Erwerbers für solche Rückstände (aber nur für sie) auszuschließen,
bei der Anwendbarkeit der Vorschrift also nicht nur nach den
Rechtsfolgen, sondern innerhalb der Rechtsfolge "Haftung" weiter zu
differenzieren.

In unserem Verlag sind u. a. folgende aktuelle Veröffentlichungen zum Insolvenz- und Arbeitsrecht erschienen:

Lüke
Persönliche Haftung des Verwalters
in der Insolvenz
Von Prof. Dr. Wolfgang Lüke, Dresden
RWS-Skript 267
1994. Brosch. 112 Seiten.
DM 68,- / öS 530,- / sFr 68,-.
ISBN 3-8145-0267-1

Gerhardt
Grundpfandrechte im Insolvenzverfahren
Von Prof. Dr. Walter Gerhardt, Bonn
RWS-Skript 35
6., neubearb. Aufl. 1993. Brosch. 104 Seiten.
DM 54,- / öS 421,- / sFr 54,-.
ISBN 3-8145-4035-2

Hess
Insolvenzrecht
Von RA Dr. Harald Hess, Mainz
RWS-Aufbaukurs 1
2., neubearb. Aufl. 1994. Brosch. 190 Seiten.
DM 69,- / öS 538,- / sFr 69,-.
ISBN 3-8145-0911-0

Irschlinger/Dambach
Die Abrechnung von Kaug und Alg
in der Insolvenzpraxis
Von RA Friedrich Irschlinger, Mannheim
Helmut Dambach, Chemnitz
RWS-Skript 174
2., neubearb. Aufl. 1994. Brosch. 192 Seiten.
DM 55,- / öS 429- / sFr 55,-.
ISBN 3-8145-9-174-7

Bitte fordern Sie unser aktuelles Verlagsverzeichnis an!

 Verlag Kommunikationsforum GmbH Recht Wirtschaft Steuern
Postfach 27 01 25 • 50508 Köln • Telefon 0221 / 400 88 - 0 • Fax 0221 / 400 88 - 28